U0068217

葉至誠 著

樂齡志工·創造耆蹟：
高齡者志願服務的推展

序　言

鼓勵社會大眾從事志願服務，實施全民志工，建立「志工社會」，是現代社會發展的目標。隨醫療完善與科技的進步，老年人口的增加雖然是一種更健康與醫療進步的表徵，但同時也會對政治、經濟及社會帶來挑戰。臺灣近年來的老化速度已超過法國、瑞典等高齡化國家。衛福部統計顯示，到了二〇二五年，臺灣六十五歲老年人口將達四百七十三萬人，占總人口百分之二十，進入超高齡社會。

高齡社會所衍生的問題已經深切影響社會結構，並將牽動經濟發展的脈動，帶來的不僅是人口結構的變遷，更會改變人們未來的生活模式。積極推動高齡者志願服務及社會參與，讓老人對於社會做到退而不休，繼續貢獻一己力量的精神。在社會網絡結構中，每一個人才資源都願意為社會服務及貢獻自己的力量，這種付出的熱忱，進而帶動其他居民參與改造行動，因此漸漸累積的社會資本。鼓勵社會參與不僅提供老人活動及發揮的空間，更增加社會上可茲運用的人力資源，讓長者不再是刻板印象中的依賴人口及社會的負擔。

人口老化是世界各國共同面臨的變遷經驗，高齡化社會的來臨，人口結構的改變勢必對經濟及社會福利制度產生衝擊，並形成新的社會問題。各國的老化速度與經驗不盡相同，相較於歐美國家有五十至一〇〇年的時間因應準備，我國由高齡化社會邁入高齡社會僅約二十四年左右；再者，由高齡社會轉變為超高齡社會更縮短為七年，顯示我國人口老化的歷程將愈來愈快，預作準備的時間十分有限。

由於人口老化快速，高齡長者人數日漸增加，高齡者社會福利成為大家高度關注的議題，無論是健康醫療、老年年金、長期照護等議題，皆引起廣泛的重視。二〇一七年，世界衛生組織（WHO）發表《高齡者整合照護》，延續健康老化觀點，清楚地提出執行方針，由早期的長壽轉移到不失能與不失智的健康老化，健康老化跳脫個別疾病觀點，以老化的活動能力作為健康主軸，因此，慢性病管理的長期目標，是老後的生活功能。要有效降低國民的失能與失智，需要做預防保健與高齡醫療的建置，透過整合照護的運作為核心理念。

現代社會強調公民治理，意味著肯定公民在公共政策運作過程中可以扮演更重要和更積極的角色，在人口老化的國家，期望透過公民社會的參與，達到自我管理與成長的目標。隨著老人人口數的增加以及平均壽命的延長，高齡者已逐漸成為社會資本的生力軍。由於我國高齡化轉變速度較快，未來我國勞動力相對應短缺且高齡化，但高齡勞動力教育程度提升。面對此一變化，如何有效運用與活化高齡勞動力，以減緩我國勞動力減少的衝擊，並維持國家經濟永續發展。高齡者在參與志願服務過程中，建立新的人際關係，增進老年人的社會歸屬，自我價值與自尊心，志願服務通常在行動時不會想到由助人而得到任何報償，其中含著大量的道德成分，藉以提升自我尊嚴，並可改善老人的生活品質。

臺灣社會由於老化速度過快、壽命明顯增加、家庭養老功能弱化、現有老年經濟安全保障不足，因此亟需借鏡各國應對人口老化的治理經驗。人在走過歲月的風霜後，凝聚出的許多智慧結晶，值得成為年輕人的榜樣或借鏡，因此宜應將「弱勢」的老人轉化為「積極能動性」的資源。針對高齡社會政策進行全面性整合規劃。透過公民參與達到治理或自理的境界。而以社區營造為主的公民治理模式是鼓勵公民參與的社區治理，也是強調公民社會的自主治理與成長。在高齡化社會中，不但要使高齡者能享受快樂生活，還要想如何活用他們長年的知識、經驗與技術來貢獻社會，讓他們感受生命的可貴，過著健康活力充滿的生活。

隨著社會進步、醫藥發達，出生率及死亡率逐年降低，臺灣老年人口的比例正大幅增加，高齡少子化社會已成為當前重大議題，所產生的現象與問題也逐漸浮現。公民治理的概念及其分權的制度設計，乃是為人民進入並影響社區營造的公共事務過程，有助於廣闊的民主道路。因為，公民治理的實踐對強化了人民對社區營造的影響力，也提高了解決社區公共事務的能力；正當人民被賦予社區自主經營權與管理權時，也將是使社區民主自治運轉起來的時刻。

臺灣已邁入「高齡社會」，如何維護高齡生活的品質與尊嚴，以及訂定健全的社會福利和健康政策，是政府刻不容緩的挑戰。現在對於老人的照顧觀念，必須要「翻轉」。如同Ted C. Fishman於《當世界又老又窮：全球人口老化大衝擊》所言：「老年化的世界裡，教育已經取代大家庭，成為老年的最佳保險。」讓老人們盡量維持生活功能，認清老人真正的需求。當照顧需求的程度降低、居住的環境改變了，就可以讓老人過得更有尊嚴，這才是未來長照的遠景。

依照志願服務定義所揭櫫的內涵，歸納出志願服務工作的特質，包括：志願服務並非是謀求個人經濟利益之行為。志工是一種發自內心、出自個人意願結合而成的服務，非外力所能強迫；老人社會參與的實施，可結合老人的五種基本教育需求：應付需求、表現需求、貢獻需求、影響需求、超越需求等，促使老人自我實現，改善生活的品質。雖然志工在提供社會服務工作時，有時仍然會有金錢報酬，但這並不是衡量個別服務能力而提供的經濟性的報酬行為。

全球人口結構老化，各國都正在面臨不同程度的挑戰。面對人口老化浪潮，傳統社會福利結構面臨的挑戰，無論在政策規劃、方案推展、人力充實、品質提升、服務整合面等，皆需要社會支持體系具備更多彈性創意的能量，思考多元照顧與服務創新模式，方能予以因應。社會參與是社區重建的重要策略，其理念是透過參與公共事務的過程，使個人更加融入社會活動，除可減少疏離感（alienation），社會資本也得以滋生。

我國人口老化加劇，凸顯出老人健康與社會參與的重要性。能支持高齡志願服務及終身學習刺激的政策，同時亦強化家庭與社區的健康照護體系，保障老年經濟安全，並促進人力資源再運用，提供高齡者友善社會參與的環境，完善高齡教育系統，以緩解高齡化問題。就此專業領域的引介，感謝秀威科技出版公司的玉成，方能完成這本著作。知識分子常以「金石之業」、「擲地有聲」以形容對論著的期許，本書距離該目標不知凡幾。唯因忝列杏壇，雖自忖所學有限，腹笥甚儉，然常以先進師長之著作等身為效尤典範，乃不辭揣陋，敝帚呈現，尚祈教育先進及諸讀者不吝賜正。

葉至誠　謹識

目　次

第一章　高齡志願服務的背景

前言

依據聯合國在二〇二〇年發布的《世界人口展望報告》（World population prospect）顯示，未來三十年全球老年人口將增加二十億，預計達到九十七億，直逼近百億門檻，到二十一世紀末，將至一一〇億。由於人類壽命延長、全球出生率下降，人口減少的國家的數量將大幅增加，全球人口老年化將更加嚴重。以目前來說，每十一人中就有一人超過六十五歲；到了二〇五〇年，全球人口中每六人就有一人超過六十五歲；全球面臨高齡化問題日益明顯。

高齡化社會如何運用「社會資本（social capital）」觀點以發展老人人力資源，是達成「活躍老化（active aging）」的重要途徑，志工為秉持貢獻付出的精神，不以酬勞為目的，從事增進公共利益事務的人，高齡者從事志願服務活動，不但可以促進其健康狀態，也可提升其自尊感及促進其健康維護，是建構高齡社會的重要資源所在。

壹、高齡者志願服務的意涵

老人照顧若要臻至完善，必須透過提供實際服務，擺脫現金給付的思維，從老人健康的階段便開始著手規劃，針對不同健康狀態的老人給予不同的照顧模式，不僅延緩老人進入失能失智的狀態，減少長期的老人照顧支出，更重要的是能讓老人的生活品質全面提升。

建立友善的高齡生活環境為高齡社會努力的目標，友善的環境不僅讓老人得免受社會上的年齡歧視，不因年老招致「社會排除（social exclusion）」。同時，有「支持性」有和「復能性（enabling）」的作為，以提升生活品質。借鑑世界衛生組織（WHO）於「活躍老化」的倡議，我們社會鼓勵高齡者參與志願服務，持續參與社群生活，貢獻才華能力。根據志願服務法規定「志願服務，指民眾出於自由意志，非基於個人義務或法律責任，秉誠心以知識、體力、勞力、經驗、技術、時間等貢獻社會，不以獲取報酬為目的，以提高公共事務效能及增進社會公益所為之各項輔助性服務。」而「高齡志工」係指年滿六十五歲以上，出於自由意願，奉獻自己的時間、技術或勞力，而不以賺取報酬為目的，對社會從事志願服務的人。

面對人口高齡化的趨勢，人們可以有較長的時間享受人生，追求自我實現，協助身心健康的老人投入社區志願工作。美國趨勢專家Faith Popcorn曾言：「二十一世紀將是志願服務（Volunteer Service）的新世紀。」鼓勵全民服務學習，學習服務，進而使「學習社會」與「志工社會」同時實現。老人要如何過著活躍的生活，除了政府推動相關福利措施法令，也要仰賴社會的互助，老人應繼續保有參與社會網絡，培養社會網絡之中的人際關係。高齡者參與志願服務工作，將有助於提升自我價值感，並維持與社會的連結感，同時也藉此培養終身學習的理念，進而營造有尊嚴且自我實現的晚年生活，對老人而言，亦是改變普遍社會對老人的負面印象，如此便可促使高齡者成功老化。

志願服務的價值觀與哲學基礎，是源於希臘－羅馬時代的博愛觀念與基督徒的宗教慈善觀念。志願服務落實的是「利他主義（altruism）」，利他主義是一種無私的為他人福利著想的行為，在道德判斷上，別人的幸福快樂比自己的來得重要。高齡者志願服務，就是把長者的閒暇時間奉獻給社會中需要幫助的人。對於個體而言是有相對正面的精神反饋，因為它給個體帶來愉悅的情緒。因此，從個人利他主義的角度，利他主義能在人與人之間產生正能量，可以使人與人之間產生凝聚力。志願服務的興起，使人民有更多參與公共事務的機會。其內涵有五：

表1-1：志願服務的內涵

特徵	內容
自發自願	志願服務，非外力強迫。可以幫助他人，同時也可以滿足自我，使自己有成就感，以提高公共事務效能及增進社會公益所為的各項輔助性服務，透過服務工作，也可以學習相當多的知能。
自由意志	服務與學習，自由結合的組織，實踐自己理想。可以從服務中創造學習的效果，也可以在學習中展現服務的情操。
行有餘力	從服務中學習，是一種做中學的實踐，所學得的知能更加深化，是部分時間的奉獻，不以獲取報酬為目的。
全面關懷	在社區服務中實踐利己利他精神，不以物質為限。促進社會化的人際關係連結互動，改善社會的意圖擴散等方式加入志工行列，形成各種多元的服務族群，並促進人際親和的連結及自我成長的滿足。
資源整合	學習與服務可以相互結合，形塑出「服務學習」的新模式。團體的力量勝過個人努力，所以是以人文情、同理心、使命感與行動力的結合。

（資料來源：作者整理）

志願服務受社會思潮的影響，在一九七〇年「新右派（The New Right）」思維興起，認為公民不能完全控制政府，國家雖然希望將福利最大化，但由於國家也是參與者，基於自利心的原因，市場失靈不但不能矯正，反而有政府失靈的狀況產生，例如：赤字增加、財政負擔增加、經濟活力減少、政府機構增加……等問題。遂提出公共議題的確認與行動的責任，應該要交回給地方社區，因此加強志願服務的推動與規劃。志願服務乃是社會發展的一股龐大的動員力量，志願服務的發展是一個助人工作，透過志工服務是有產值的概念，激勵與強化了服務的動機，使志願服務使用單位正視志工的價值，給與尊重與專業化的訓練。借重民間機構與團體力量的投入來協助解決，志願部門就充當補充角色，與政府形成伙伴關係。

當代的志願服務意涵除了連結著道德論述，已被賦予公民權的思維，也因此志願服務對國家、社會與從事個體所帶來的效益並非僅止於道德所能涵蓋。聯合國與一九八五年宣布每年十二月五日為「國際志工日（International Volunteer Day，IVD）」，是為肯定志工們的貢獻而設立，並建議各國舉辦慶祝活動。志工服務一直是每一個文化與社會當中的一環，被界定為非營利、不支酬和非專職的行動，個人廣泛的針對他的鄰人、社區或社會從事的善行義舉，有很多表現的方式，從傳統習俗的互助到社區危機的及時處理，並且著力於解除痛苦、解除衝突與撲滅貧窮。志願服務的工作種類多元，並非全要應用專業知識，多數只需有愛心、體力和時間即可。而招募志工的單位，普遍也會提供完整的教育訓練課程，甚至後續安排個人或團體督導，以利適應和成長。

高齡化已不可避免，如何營造豐富的老年生活，讓高齡者保持與社會的接觸，藉由參與社會活動提供資源分享、貢獻己力，藉由人際間的持續接觸互動，維持生活的意義與功能，進而預防快速老化等社會問題，已成為重要的課題。世界衛生組織在二〇〇二年時已提出「活躍老化（active ageing）」政策架構，主張從健康、參與以及安全三大面向上提升高齡者的生活品質，並強調應持續積極的參與社會。而高齡者參與志工工作的意義，可從個人、社會與微觀、宏觀兩個層面來看：

表1-2：高齡者參與志工工作的意義

類型	內容	類型	特色
個人層次	透過參與志工工作，除了在知識、技能、社交、情緒等方面獲得成長與改變外，也能降低老而無用的負面印象，增進老人的人際交流網絡，將使社會更祥和、更美好。	微觀	讓個人獲得心理滿足，提升自我價值，並增進對社會的歸屬感。
社會層次	志願服務能與社區民眾理解彼此文化及建立夥伴關係，可實現社會參與服務的理念，透過擔任志工，達成文化智慧經驗傳承的使命。	宏觀	讓高齡者成為貢獻者，甚或生產者的角色，豐富多元社會內涵。

（資料來源：作者整理）

高齡社會正在全球各地快速發展，為因應這種銀髮海嘯的來臨，亟宜加以瞭解、正視及採取因應的措施，並改變公共服務決策的做法。提供老人參與志願服務有其積極意義，包含化被動的受照顧者為主動的照顧者、化消費性為生產性、從無角色變有角色、助人亦自助。在個人自由意志之下，承諾提供個人的時間與精力從事使他人受益及社會受惠的行動。

讓老年人可以藉由志工參與，發展他們的社會資本。社會資本強調的是社會上人群間的互信、互相了解、共同價值等讓人們可以共同生活的社會網絡與道德標準。協助身心健康的老人投入社區志願工作，透過社區中已經成形的老人組織，擴充其休閒育樂之外的功能於社區的志願服務，使其能夠就近在社區中為其社區的弱勢族群服務，對社區不僅是一個有利的人力資源。同時，是社會再參與的開始，是人生的目標、方向再定位的階段，是個體成長階段的轉換延續。

檢視老人福利政策的國際發展，「健康」與「福祉」已被聯合國認定為有關老人之兩大主流議題。世衛組織認為欲使老化成為正面經驗，必須讓健康、參與及安全達到最適化狀態，提升老年人生活品質，這也是目前國際組織擬訂老人健康政策的主要參考架構。當民眾逐漸老化時，亦應鼓勵個人依照其能力、偏好及其需求，積極的投入經濟發展相關的活動與志願服務等工作；建立社會對高齡社會人力運用的正面與積極因應的態度與作法，和創造友善年齡與促進世代合作的社會，提倡與重視「多元化管理（Diversity Management）」是組織人力資源再造、重組與翻升的機緣，進而成為社會上的友善作為，進而創造更為豐盛及互相包容的組織文化。

貳、高齡者志願服務的需求

世衛組織強調「活躍老化」的核心價值，是讓健康、參與及安全達到最適化狀態，以提升老年生活品質；二〇一二年世界衛生日更以「高齡化與健康（Ageing and Health）」為主題，認為保持健康才會長壽（Good health adds life to years）。

「成功老化」的概念源於健康老化（healthy aging）概念，是一種不只疾病與虛弱不纏身，而且是一種生理、精神與社會福祉的完全狀態。老人從事志願服務可增進個人的健康與生活滿意度、提升自尊與心理福祉、以及延長壽命（Mutchler et al.，2003），故老人志願服務參與是值得探究的主題。因此，高齡政策發展走向，應重視高齡健康與社會參與，促進高齡人口人力資源。

老化如同全球化或氣候變遷般，劇烈地改變這個社會；面對這股趨勢，未來將大受影響，不能只是被動地等待，而要能意識到社會如何因高齡化而改變，及能在高齡社會中創新的作為。美國心理學家N. Schlossberg提出了六種退休心理類型，分別為：

表1-3：退休者心理類型

類別	內容
開創者 Continuers	在退休後繼續使用以前所累積下來的技能，投入志願服務場域，擔任服務為目的的志工，為自己開創不同的生活志趣不變，在利他服務過程中滿足個人內在需求。例如參與義務或兼職的相關工作，擔任社區大學課程講師。
冒險者 Adventurers	視退休為人生的分水嶺，立定志向展開另一段嶄新的生涯歷程，為參與而有新的社會人際網絡，例如退休工程師開始學習彈奏吉他，立志組成爵士樂團巡迴社區演出。
搜尋者 Searchers	尚未找到自己退休後的定位，需要比大多數人更多時間，藉由不斷的探索、嘗試與錯誤，才能找到適合自己的生涯選項。
享受者 Easy gliders	享受退休後充裕的時間，讓自己的身心在時光流逝中盡量放鬆。退休後的高齡者有更多的時間可以重拾舊有的嗜好，或是培養新的興趣。

類別	內容
冷漠者 Involved spectators	關心社會中所發生的種種現象，尤其遇到與自己專長領域類似的議題，雖然發表許多個人意見，但是卻很少積極參與實際行動。
疏離者 Retreaters	幾乎完全與過去生活及人際關係隔離，也放棄尋找新的退休定位，個性也變得封閉而保守。

（資料來源：作者整理）

Rowe & Kahn（1998）將「成功老化」定義為「結合較低的疾病發生可能與較高的功能及生命從事活力。」能促成成功老化與長者的「社會參與（Community participation）」有關，高齡志工參與志願服務工作因參與動機多重且兼容並蓄，其中志願服務更是「助人又利己」，志願服務的目的顯得多元化，高齡志工能為終身學習的實踐者，擁有清楚的生活目標與方向，且具有主動關心他人的特質，成就「服務他人，成長自己」，對高齡者的身心皆有正向影響。

根據McClusky（1971）以高齡者生活品質的觀點，將該需求區分成五類：

表1-4：高齡者增進生活品質的需求

類別	內容	志願服務的實踐
應付的需求	高齡者最常面臨的困難有：一是老化導致生理與認知功能的衰退；另則是持續原有的社會互動方式，導致不足以應付快速變遷的社會。	參與志願服務能掌握時事新知。
表現的需求	從活動或參與活動本身獲得內在的回饋。例如在參與過程所得到的滿足感、參與感，或是想要從體能性活動或社交性活動中得到樂趣。	能夠拓展人際關係擴大交友圈。

類別	內容	志願服務的實踐
貢獻的需求	從幫助他人增進自我價值或充實自我的傾向。對於高齡者而言，能繼續幫助他人不但能與社會互動，更重要的是可以提升自我價值感。	參與社會活動能豐富生活經驗。
影響的需求	高齡者有意願涉入公共事務或對社會議題提供獨特的見解，期望經由社區團體、服務組織，及非營利機構的參與，來滿足其影響性的需求。	積極參與社會活動能減緩老化。
超越的需求	藉由回顧生命歷程以瞭解其意義，超越生命意義的這種需求，在高齡階段則比其他年齡層的人來得更強烈。	從參與活動中能獲得自我成長。

（資料來源：作者整理）

高齡者志願服務的目的以個體而言，是為了適應快速變遷社會下生活環境的改變而不斷學習，並將所學得的經驗內化，產生的觀念改變。高齡參與志願服務是一種內在的心理行為，也是一種出於自願、有意識、有目的參與，包括價值判斷、情感投入與行為意向的歷程，其形成的時間並非一朝一夕，乃是長期建構而成的態度或具體行動。如同，世界銀行所強調：「越來越多的事實證明，社會資本是解除貧窮以及人類與經濟永續發展的關鍵。」

借鑑先進國家在發展高齡者志願服務的作法上，均是以發展本土化、社區化、多樣化的趨勢。該趨勢如能融入社區照顧，形成高齡者彼此間的相互扶持，將使「在地老化」，「活躍老化」得以落實。社區照顧是提供與人為直接接觸服務，強調以社區自主運作模式，有在地社區人提供貼近居民生活需求的照顧服務，使受照顧者能在熟悉的生活環境中，獲得連續性的照顧，滿足老人在家附近，就能取得來自社區生活和預防性的照顧，以落實「在地老化」。

為能落實「在地老化」，爰推展「社區照顧關懷據點」，以提供在地老人初級預防照護服務，關懷據點的操作為結合相關福利資源，提供關心訪視、電話問安諮詢及轉介服務、餐飲服務、健康促進等多元方式，建立連續性的照顧體系。據點的定位以高齡者中心思維，依照各社區的人口結構、社區需求與文化特色，結合志願服務，規劃適合的高齡安養活動；進而創造「老老相扶持，處處有溫馨」，展現高齡者社區在地成功老化的自我實現目標。

參、高齡者志願服務的特質

「志願服務」的作為與「社會支持（social support）」具有關聯，社會支持為：來自於個體所喜愛的、關心的、尊重和珍惜的人所提供的資訊，以及來自與父母、配偶或情人、其他親戚、朋友、社交團體之間的相互交流和共同的責任。（Taylor，1990）二十世紀七〇年代以來，行為科學研究，說明「社會支持」與健康具有正向的關係，社會支持能減少發病率和死亡率、延長患者的壽命以及提高患者對應激烈性生活事件（stressful life events）。

柯布（S. Cobb）從功能層面來解釋社會支持，認為人類彼此交換訊息的過程，可使個人感受到被關愛、受尊重、有價值感和隸屬某個社會網絡（social network）等方面的滿足。正如同「社會資本」的主要特徵，體現為將朋友、家庭、社區、工作以及公私生活聯繫起來的人格網路。高齡者最令人稱許的就是豐富的工作經驗與人生的閱歷，這些難能可貴的經驗，伴隨著歲月的累積，往往是致遠服務的重要資產。志願服務展現社會支持更形成社會資本，傳統社會上普遍認為老人是「受助者」而非「幫助者」，是「消費者」而非「生產者」，對老人普遍存有相對負面的觀念，社會支持則強調老人在經驗、才智、學識上的豐富性，及時間上的彈性，對社會的志願服務不僅落實社會參與，同時成就社會資本。

高齡者參與志願服務將使原本孤獨的生活獲得社會支持，這是指個人可以感受、察覺或接受到來自他人的關心或協助。當高齡者與社會網絡互動時，能提供生理、心理、訊息、工具或物質性的協助力量，使個體更適應壓力，增加滿意感（Caplan，1974）。社會支持對高齡者的協助包括（J.S. House）：

表1-5：社會支持對高齡者的協助內涵

特徵	內容
情感性支持（emotional support）	指自信、肯定、同理心、關愛、鼓勵、安慰等，讓人覺得被尊重、接受和保護；有關同情心、喜愛、信任和照料的提供。
認知性支持（cognitive support）	指幫助被支持者分辨、了解問題，並協助其改變。如提供訊息、知識、給予忠告；針對個體在解決其所面對的困難時，提供者給予勸告、建議和知識性資料。
工具性支持（material support）	指直接給予物質或具體的服務以幫助他人解決問題，如金錢給付、協助家務。提供者對需求者提供實際的幫忙和服務。

（資料來源：作者整理）

應用社會支持以增進長者的健康，是高齡社會的努力目標。社會支持的實質是人與人之間的互動關係，幫助行為能夠產生社會適應；更是關懷與幫助，展現的是一種社會互助。是讓人們感受到的來自他人的關心和支持。在邁入高齡社會後，人口老化的壓力逐年遞增，對高齡者提供適當的協助成為政府、社會、家庭與個人的重要工作。除增加醫療、照顧產業外，可從健康促進（health promotion）方面著手，鼓勵高齡者多從事健康行為。高齡者社區志願服務，就是把老人的閒暇時間獻給社區中需要幫助的人，形成社會支持的行動。志願服務是個人評價後的幫助行動，而非直接針對實質好處或直接接收他人的命令及壓力，是基於慈善觀點、社會團結或利他主義而實施。

志願服務成為一項助人工作，展現的是同理心、專注傾聽、避免情感轉移等都為在助人上應有的特質。社會資本是能夠推動社會行動的社會結構和社會關係的一種特性。社區老人參與志願服務包括社區參與經驗、增進利他動機、凝聚居民意識、增進參與意願、規劃適合活動等方面，分別敘述如下：

表1-6：高齡者參與志願服務的內涵

特徵	內容
社區參與經驗	社區應考量社區老人的個人特性設計活動，以破除社區老人為低參與者的迷思；加強社區老人的責任承擔，以增加社區老人的參與感。
增進利他動機	提升個人層次的參與，改變被動者成主動者，加強社區老人利他性參與的部分，以增加社區老人對社區的歸屬感及責任感。
凝聚居民意識	舉辦多元性社區活動，增加社區老人的社區參與提高社區資訊的傳播；增強社區老人對社區事務的了解，掌握社區的脈動，以提高社區老人的社區意識。
增進參與意願	增加老人對社區的歸屬感及責任感，培養紮根於社區的領導人才；運用社區高度參與且有意願參與志願服務的老人，建立人力資源網絡；擴充社區休閒性活動至社區關懷、服務性活動。

特徵	內容
規劃適合活動	將福利的概念紮根於社區，將社區零星關懷擴大且正式化；善用社區老人對社區的情感，規劃符合老人體力、智力的志願服務活動。

（資料來源：作者整理）

社區照顧的概念源起於一九五〇年代的英國，正如同Walker認為社區照顧是，由非正式服務網絡與正式社會服務資源來共同照顧弱勢群體。隨著社會發展臺灣在一九九三年後開始重視社區照顧，社區照顧是連結非正式支持網絡以及正式服務體系，以提供支持服務與設施，建立具有關懷性的社區，強化有需要的人在社區內生活的能力，並重視社區照顧內涵以及公民權的建構等議題。二〇〇五年核定「建立社區照顧關懷據點實施計畫」，推動下列目標為：

表1-7：「社區照顧關懷據點實施計畫」目標

特徵	內容
初級預防照顧	促進社區老人身心健康，發揮初級預防照顧功能，建立連續性照顧體系。
自助互助照顧	結合有意願團體參與設置，由當地民眾擔任志工，發揮社區自助互助照顧功能，並落實在地老化及社區營造精神，建立社區自主運作模式。

（資料來源：作者整理）

Bayley認為社區照顧意指在社區內照顧、由社區來照顧以及由專業者、政府與社區合作照顧弱勢族群。是以，社區照顧關懷據點為推動在地老化高齡者社區式福利服務的一環，邀請當地民眾擔任志工，提供高齡者「餐飲服務」、「關懷訪視」、「電話問安、諮詢及轉介服務」、「健康促進」等各項服務。正如同，社會資本強調通過對人際關係的協調、對互動能力與合作潛力的開發，來提高社會效率，增加物質資本和人力資本的收益。因此，推動社區照顧關懷據點服務，透過在地化的社區照顧，建立互助與溫暖的居住環境，使長者留在熟悉的環境中生活，讓長者都能健康、快樂的老化。讓長者們一起吃飯、上課，不僅是為了顧及長者身體上的健康，更是為了讓長者們有多一點社交機會，能夠互相分享生命經驗。在地老化就是讓老人不需要因年老失能、失去照顧者或是經濟不安全，而從所熟悉的環境中抽離，重新適應新居住環境，同時與所居住的社區網絡中斷連結。

肆、促進高齡者的志願服務

志願服務是一種積極的社會參與，為增加社會福祉而自願提供的協助。社區高齡志願服務，就是把閒暇時間獻給社區中需要幫助的人。國民願意投身志願服務工作的比率，更是社會進步的重要指標。同時，可以透過各種過程來促進健康，例如：免於「角色撤退」帶來的失落及負面情緒，促進個人認同及正向的自我意識，增進志工與他人的鏈結，促使身體活動，提高個人整體能力、信譽及資源，因為通常在老年，正向積極、有意義、有生產性社會角色的機會不多，因此志願服務對老人來說是格外重要的活動。大量志願人員開展多種類型的服務，有利於「建立和諧社會，促進社會融合」。從志願者的實踐情況看，志願工作可以提供社交和互相幫助的機會，加強人際間的接觸及關懷，減低彼此的疏離感，建立一個和諧的社會。改善因為工作的緊張和競爭的劇烈，帶來的人際關係複雜化、利益化的問題，積極推動各種群體的交流合作，形成協調關係。

「生活品質」是老年社會工作的核心概念，而此一概念體現的指標即為「成功老化」，藉由成功老化將有助於瞭解老年人是否能順應晚年生活。Lawton（1983）提出高齡者良好的生活品質可由下列四範疇來測量：

表1-8：高齡者良好的生活品質的內涵

特徵	內容
行動能力 （behavioral competence）	健康、知覺、運動、認知。包含疼痛及不適、活力及疲倦、睡眠及休息、活動能力、日常生活活動、對藥物及醫療的依賴、工作能力等層面。
心理的幸福感 （psychological well-being）	幸福快樂、樂觀主義（optimism）、達成目標。包含正面感覺、思考學習記憶及集中注意力、自尊、身體意像及外表、負面感覺、靈性／宗教／個人信念等層面。
主觀的生活品質 （perceived quality of life）	家族、朋友、活動、工作、收入、居住的主觀評價。包含個人關係、實際的社會支持、生活網絡、被尊重及接受等層面。
客觀的環境 （objective environment）	居住、鄰居、收入、工作、活動的實況。包含身體安全及保障、居家環境、財務資源、健康及社會照護、取得新資訊和技能的機會、參與娛樂及休閒活動的機會、物理環境、交通等層面。

（資料來源：作者整理）

高齡者須面對老化與生命終極價值等課題，若能有效開發退休人力資源，社區照顧關懷據點的展現是運用社區互助力量，建構共好生活圈以滿足其長者食衣住行育樂等需求。借鏡超高齡社會日本「活到老、用到老」，六十五歲以上還有兩成的人貢獻職場，韓國比例更高達三成，隨著全球社會走向高齡化，高齡者投入就業市場已是國際趨勢，不但能彌補失去人口紅利短缺的勞動力、減輕「扶老比」年輕人扶養老人的沉重負擔，「資深國民」透過工作不跟社會脫節更能活出尊嚴，如何活化這些「銀髮力」，將社會關係和文化因素納入框架，體現了人文精神，有助於社會發展構建及其倫理道德和文明基礎，裨益個人及整體社會生活品質的提升。

保持健康才會長壽，「健康」是促成成功老化或活力老化的基礎，老年人要擁有品質、尊嚴與有意義的生活，老人與社會必須共同以更積極，正面的方式來轉變社會與自我的價值觀，讓老人無礙的參與社會各個面向的活動。在公民社會中，志願服務組織使個人與社會獲得連結，志願活動讓個人發展與公民訓練同時並進，讓個人增權賦能，從參與及學習中去經驗，同時進行服務。志願服務在社會發展的演變如下：

表1-9：志願服務的演變

階段	內容
人口轉變	人口結構的轉變造成志願服務的人力資源豐沛，各階層人士紛紛現身志工行列，並參加各種終身學習的課程。
公益服務	在社區服務中實踐利己利他精神，並促進人際親和的連結及自我成長的滿足。
組織興起	非營利組織（NPO）追求服務，是社會的良心，相繼以系統化的方式招募與教育志工，從事慈善與公益活動。
企業形象	大企業編列預算推展公益及成立社團，鼓勵員工服務社會，從事環境保護、理財推廣、資訊教育、協助弱勢族群等。志願服務的行銷方案，塑造了組織之公益形象與促進組織的發展。

階段	內容
獎勵制度	依照志願服務法，志工服務年資滿三年時數滿三〇〇小時者可申請榮譽卡，另依志願服務獎勵辦法，服務滿三〇〇〇小時者可獲頒志願服務績優銅牌獎及得獎證書，具有鼓勵志願服務之作用。
學校教育	學校開設服務課程，結合理論與實務，學生進入社區，以行動服務社區。
觀念轉變	資訊時代，把志願服務當休閒，把休閒當學習，從服務行動中獲得自我滿足。
法律保障	志願服務法頒布後，使服務行動有法律依據，志工的權利與義務受法律保障，讓志工在安全與衛生知識的環境下進行服務，也促進志願服務的成長。

（資料來源：作者整理）

志願服務運用單位宜由專人負責高齡志工的運用，其需要樂於與高齡者共處，期待透過專人專職的方式，從熟悉高齡志工的個性、專長與興趣開始，建立良好的關係，並能以優勢及正向的觀點與高齡志工共同成長學習；專人專職亦有助於掌握高齡志工運用及管理的訣竅，有利於業務的穩定及延續。

社會資本理論強調社會和集體對於個人的優先地位，這與我國文化的傳統範式不謀而合，是一個比較容易接受的社會發展樣態。展現在社區照顧關懷據點的作用，不僅對長者有所助益，甚至對長者的家屬都有其莫大的作用。簡述如表1-10：

表1-10：社區照顧關懷對高齡者的助益

項目	內容
社區老人	社區照顧服務，包括：健康促進、共餐活動、關懷訪視以及電話問安等活動，使得老人有多方面的助益，如心靈及精神層面的提升和人際互動網絡的建立。

項目	內容
	在健康促進方面，透過課程的活動，使長者的身體機能獲得改善、健康獲得維護。
	參與社區活動之後，明顯的恢復自信與士氣，身心靈各方面都獲得改善與提升。
	社區照顧的活動令老人有所期待與寄託，同時從活動中建立自信。
	透過活動，增加人際互動機會，讓長者有聊天的對象，有人因而打破人際藩籬，搭起社交網絡。
老人家屬	社區照顧不僅是對長者有助益，對家屬也有很大的功效，如有喘息的機會，讓子女可以放心、安心的外出工作。
人際網絡	社區照顧是社會行善的作為，服務當中獲得快樂，甚至可以減少健保費的支出。

（資料來源：作者整理）

高齡化的影響是全面性的，舉凡政治、經濟、財政、文化、教育、家庭均受到波及，成為臺灣社會當前亟需面對的挑戰與正視的課題。人口結構老化，將使勞動力相對應短缺，影響一國經社發展，各國政府莫不將其列為優先關注的政策議題。志願服務除了可對社會有所貢獻之外，從利己的角度而言，志願服務工作可促進人際間的互動、增加自我肯定，以及自我的成長。

結語

隨著全球人口的高齡化，不只是重視高齡者本身的健康議題，同時國際間也開始著重在如何讓高齡者「正向老化」、「成功老化」、「健康老化」、「活躍老化」等的議題，如何讓高齡者面對自身的老化過程，並且達到生理、心理、社會層面的滿足。

Rowe和Kahn（1998）對於「成功老化」的定義為：在老化的過程當中，生理方面維持良好的健康及獨立自主的生活，在心理方面適應良好，在社會方面維持良好的家庭，所以將成功老化分為六個層面，即健康自主、經濟保障、家庭、社會親友、學習、生活適應良好等。高齡志工落實社會資本的作為，以社會關係中的信任、規範和網路為載體，既包括社會關係中的制度、規範和網路等組織結構，又包括公民所擁有的信任、聲譽等特徵。著力於維護社會公益，力求發揮一己力量，讓社會更和諧有愛。藉由發揮自己的餘力，以充實社會的不足。

第二章　高齡志願服務的內涵

前言

志願服務已普遍成為公民參與和實踐公民責任的新策略。鼓勵社會大眾從事志願服務，實施全民志工，建立「志工社會」，正是現代社會發展的目標。推動志願服務工作，有效運用社會人力資源，鼓勵長者積極參與為志願服務工作，發揮助人為善、服務為榮的精神。

二十一世界是個知識創新的年代，也是老化議題推陳出新的時代，其中尤其以二〇〇一年Cohen所提出的「創意老化」的新思維深受重視。強調高齡者的創造力不會因為年齡而衰減，相反的發展熟齡的潛能是一個令人興奮的領域。高齡者參與志願服務的功能，是積極性的老人福利措施，達到老人人力資源的有效運用，透過服務人群，將其智慧、經驗貢獻社會，實現民主社會「參與服務」的理念，減少知識經驗豐富人人力資源的浪費，展現老人不只是社區裡的消費者、享受者，更可成為生產者、貢獻者的能量，達到退而不休、老有所用的境界。

壹、人口老化的社會挑戰

《下流老人》一書作者藤田孝典的定義，「下流老人」係指在「經濟」及「人際」方面，皆陷於貧窮狀態的高齡者。該書認為，「下流老人」是社會因素造成的，若現有社會實況無法有效改善，則當前的年輕世代，亦有成為「未來的下流老人」之危機。對高齡世代而言，除了貧困處境的翻轉之外，建立可相互支援的社會網絡，提供公平均等的制度、資源與發展環境，讓每位國民無論背景為何，都能在「公平」、「均優」、「無拒」的教育制度與資源支持下，享有同等的潛能與生涯發展機會，學習權益獲得充分保障，才得以翻轉不利的處境。

隨著國家社會的整體進步，人類生命的延長是必然的趨勢，高齡社會是人類實現追求生活目標，與體現生命意義的象徵。社會普遍對老年人籠罩著「醫療」或「需被照護」的想像，卻忽視了同樣身為「人」，想要有目標、有價值、保持活躍或自主性的生活需求。世界衛生組織（WHO）二〇〇二年提出「活躍老化政策框架（Active Ageing: A Policy Framework）」指出應肯定高齡者參與社會之能力及價值，必要時給予協助，對於高齡者的正向思維也應多加宣導，加以改善刻板印象。

許多高齡者透過擔任志工，不以酬勞為目的，增進公共利益事務，發揮專業才能及生命經驗積極參與並貢獻社會，有效促進高齡者身心健康及生活品質，是國家社會莫大的福祉。服務工作在高齡社會的脈絡下基本上有多項核心價值：包括有助於經濟安全、社會參與、健康促進、生活品質提升、落實世代正義與合作（周玫琪，2007）。隨著百歲長壽時代來臨，在身體健康的狀況下，繼續參與社會活動，對於個人退休後的生活及整個生命的過程，具有積極、正面的影響。如能從事適性與適量的專業或是服務性工作，都將有助於健康、減緩老化與人際連結，進而減少醫療支出。

志願服務是一群人，不求報酬自願奉獻自己的時間和專長，參與各種公益慈善事業並提供服務。Smith提出了一種同感性愉快假設（empathic joy hypothesis），認為助人行為是觀察到對方的需要所趨動的。志願服務是人人可參與、處處能展開、時時生效用、事事可支援、物物可捐獻，重在服務心意的志業。它可以彌補各公私立社會福利工作人力的不足，亦可支援協助各項福利措施的推行。志願服務人員對當事人、當事人的關係人、服務機構及社會都負有倫理責任，自己也應有適當的專業修養、專業準備及專業造詣，助人專業倫理就建基在這一特殊關係之上。志願服務可依正式化程度，分為廣義與狹義二種：（Ilsley，1990）

社會發展是一項長期性的工程，需要以「社會能力」為基礎，該能力包括人力資本、組織資源及社會資本之間的互動（黃源協，2011）。若社區擁有堅實的社會資本，共同的合作將會更加容易。

表2-1：高齡者志願服務的種類

類別	特徵	內容
狹義的志願服務	正式的志願服務	經由公共部門或非營利組織因應社會公益需求，協調志工及相關人員，在組織系統下所提供的服務。
廣義的志願服務	非正式的志願服務	個人在面對社會公益時，不受團體規範的限制，不考慮報酬的獲得，所顯示的助人行為。

（資料來源：作者整理）

檢視我國推動關懷據點是由有意願的民間團體參與設置，邀請民眾擔任志工，一開始主要提供老人「餐飲服務」、「關懷訪視」、「電話問安、諮詢及轉介服務」、「健康促進」等各項服務，現在也有很多據點增加各式各樣的服務。根據Kristen R. Monroe的定義，將利他主義總括為五個標準：

表2-2：利他主義的標準

特徵	內容
付諸行動	利他主義必須付諸行動，指一切有益於他人和社會的行為，如助人、分享、謙讓、合作、自我犧牲等，
增進福祉	利他的行為必須是目標取向，其目標是提升他人的福祉，即以他人的幸福快樂為自己的幸福快樂，以滿足他人的需要為自己行為的準則。
利他動機	在利他的行為中，是關心他人的利益而不考慮自己的利益；在某些極端情況下，人們可能會不惜放棄自己的需要來滿足別人的願望。
裨益他人	利他的行為可能會造成行為者自己的損害，通過採取某種行動，一方面滿足了自己的需要，一方面又幫助了別人。
自願作為	利他是無條件的，行為者不能預期任何的回報，是為了使別人獲得方便與利益，尊重他人利益的行為，出於自覺自願的一種利他精神的社會的行為。

（資料來源：作者整理）

世界衛生組織表示：「從生命一開始時就以健康方式生活，是實現積極、健康老年生活的關鍵」。利他主義是一種不指望未來酬勞而且是出於自由意志的行動，即是出於自願和自擇的助人行為。與之類似的一個概念就是親社會行為（pro-social behavior），親社會行為既是不求有酬勞並出於意志自由的行動，或是為了回報以往曾經得到過的他人的幫助，而做出的助人行為。一個優質的老人健康與社會照顧政策，除了提供醫療服務與長期照顧服務外，更應積極提升民眾健康知能，加強健康促進與預防保健，提倡健康生活形態與行為，增進自我照顧與管理能力，以減緩身體機能衰退及老年疾病的發生。

貳、志願服務與活躍老化

臺灣人口老化速度領先全球，根據推估，由於超過八成的高齡人口是屬於健康及亞健康者，鼓勵長者參與社會，積極營造高齡者友善的志願服務環境，當全民皆養成互助習慣，建立起人與人之間的信任時，便能形成強韌的社會網絡，提升整體社會的韌性，共同面對社會的衝擊。

聯合國世界衛生組織（World Health Organization，WHO）二〇〇二年在其出版的《活躍老化：政策架構》提出「活躍老化」觀念，並將「活躍老化」定義為：「為提升年老後的生活品質，盡最大可能以增進健康、參與和安全的過程」。其主要目的是為了使老化成為正向經驗，長壽必須具備持續的健康、參與及安全的機會。活躍老化中的「活躍（active）」意指「持續參與社會、經濟、文化、靈性等事務，而不僅限於是沒有身體活動力或有勞動力的參與；退休的高齡者與失能高齡者，能夠繼續參與家庭、同儕及社區的活動，仍可維持活躍；促進高齡者心理健康與社會連結的政策或計畫，與促進高齡者生理健康同等重要」。

志願服務應指任何人只要志願貢獻時間及精神，在只問耕耘、不求回饋的情況下，著力於改造或促進所提供的服務；它可增強群已關係融合，更可增進人類社會之福祉。政府倡導高齡志工活躍老化的理念，推動「友善關懷老人服務方案計畫」，揭櫫達成「健康、在地、智慧、活力、樂學」健康老化目標，積極提升老年健康、參與、安全及生活品質，提升高齡就業與社會參與，使老化成為正面經驗。

先進社會自二十世紀九〇年代，為因應高齡社會的來臨，認為每個人都應享有尊嚴、價值的人生，積極推動「老有所為／生產力老化（Productive Ageing）」的政策與方案，以提供一個「老有所養、老有所安、老有所尊」的敬老尊賢和諧社會。實證發現，在老

表2-3：高齡志願服務的類型

特徵	內容
生活照料	為老人買菜、做飯、做家務、陪老人洗澡等；為老人捐贈生活用品和資金，照顧老人的日常生活。
家政服務	安裝維修門窗、紗窗、熱水器、淨水器、洗衣機、電腦、燈具等；清洗換氣扇、油煙機、煤氣灶等，應做到清洗乾淨、衛生，符合老年人要求；疏通水池、浴缸、座便器、蹲坑。
醫療衛生	由社區衛生專家指導，開展老年居民的保健知識講座、健康教育和健康諮詢服務；開展疾病預防、居家護理、衛生救護、家庭安全等知識的培訓，提高老年人健康水準。
精神慰藉	組織志願者與老人的溝通，為老人帶來生命的活力和熱情；對生活不能自理的老人，通過讀書會、唱歌、聊天、舉辦各種文體活動等方式，使老年人心情舒暢，減輕病痛帶來的痛苦。
文化服務	為老年人開展文藝演出、文化藝術培訓等活動，豐富老年人文化生活。
法律服務	為老年人提供義務法律服務和幫助，進行法律宣傳、法律諮詢、法律培訓、法律援助等方面的服務工作。

（資料來源：作者整理）

年階段從事志願服務者有較佳的健康狀態，包含較低的死亡率、較佳的功能性及較少的就診數。

志願專業人員對當事人、當事人的關係人、服務機構及社會都負有倫理責任，自己也應有適當的專業修養、專業準備及專業造詣，助人專業倫理就建基在這一特殊關係之上。

社會資本被視為是社會穩定及建立社區自我能力的基礎，將遭遇社會排除推向社會融合（social inclusion）。社區關懷主要以當地志工提供服務，能經營順利的多賴良好志工管理，能組織社區資源來滿足社區長者需求，將健康促進活動與社區文化結合，建構出在地資源網絡，更可將服務擴及到對其他弱勢民眾，創造高齡者服務的機會，致力於塑造一個友善高齡志工的環境，翻轉社會對高齡者「老」的想像，塑造服務氛圍，讓更多長輩能樂在服務、享受愉悅的銀髮歲月，由此觀之高齡志願服務的實施亦具促進社會發展的角色。

社會心理學家Joe Luft與Harry Ingham提出「周哈里之窗（Johari Window）」觀點，強調增加個人自我覺察，以激發個人的潛能。

表2-4：高齡者志願服務的精神

項目	內容
意義	增長智慧、開發人力資源，保障社會權、豐富精神生活，協助社會適應，促進社會參與。
目標	改善生活品質、持續社會參與、適應社會變遷、促進成功老化、發展生命意義。
價值	可增進心智能力的成長、做好生涯規劃、激發社會活動的參與、協助其達成自我實現。

（資料來源：作者整理）

世界衛生組織（WHO）二〇〇二年提出「社會參與」是活躍老化的關鍵因素，而高齡者的參與志願服務便是活躍老化的具體形式，也是體現周哈里之窗的舉措。就此學者對於投入志工服務因素進行研究，發現有促成個人投入志願服務，包括：（Holmes,K.，2009）

能夠在社區建立長輩照顧長輩的模式，並讓長者成為重要的人力資源之一，持續推動及鼓勵高齡者參與志願服務，善用其專業與經驗，進入社區建構初老服務中老、中老服務老老模式，營造老人友善環境的健康社區，無論長者的生活、飲食、體適能、娛樂等，都能在長者最熟悉的場域中獲得最優質的服務。同時帶動社區志願服務的風潮，落實福利服務社區化的理想，讓志願服務紮根社區，使自助互助的福利模式在社區永續經營。

表2-5：促成個人投入志願服務的因素

特徵	內容
價值因素	容許表達利他與人道的價值觀，是自由結合的組織，實踐自己理想。
認知因素	促成繼續學習增長經驗，增進社會的互動及認同的機會；配合學習社會的到來，志願服務開創了終身學習的新境界。
社會因素	志願服務者將所學的知識技能，從事社區服務工作，以協助解決社區問題，並藉由服務經驗的反省養成公民知能與社區意識，善盡公民職權。
生涯因素	增加生涯職能的落實及精進，是以人文情、同理心、使命感與行動力的結合。
保健因素	發展一種免於自我負向的感受，分享自己的生命經歷，讓長輩釋懷。
激勵因素	拓展一種自我正向積極的感受，高齡志工有充分的社會經驗，人面夠廣，能夠連結社會資源。

（資料來源：作者整理）

誠如布迪爾（Bourdieu）強調社會資本為「彼此熟悉或認可的制度化關係網絡的資源總和。」高齡者投入社區志願服務，不僅可藉由助人的過程，增加其價值感，更可以對社區志願服務注入一股自助互助的力量，透過志願服務，開創新的人生。除此之外，因為參與志願服務可增加接觸社會、心理、物資資源的機會，甚至學到新的知識與技巧，而能提高自我意象與明白自我身心狀況，因而對身心健康有正面的效益。就此，年紀不是問題，學歷經歷不是障礙，只要有願意做的意志，不但自己做志工，還可以進一步運用人力資源管理的方法帶領志工，不但做志工管理者，還可以進一步運用專案管理推動志工專案，起始、計畫、執行、檢視到結案，學習成為很有效率的志願服務。

參、志願服務的相應內涵

隨著平均壽命的延長以及高齡者教育及健康水準提升，高齡者工作或就業已經成為一種趨勢或選擇。Carvan於一九五〇年提出活動理論，活動理論主張個體在社會中的角色並不因年齡的增加而減少，只要在生理心理上有能力，即能執行其角色任務。而且成年人經由社會角色的參與，能夠再次肯定並修正自我概念及價值感。退休後的老年人除了個人身體健康的影響之外，仍然與中年人一樣，具有相同的心理傾向與社會需求。老人生活需求歸納出六大面向（陳燕禎，2007）：健康醫療需求、經濟生活需求、教育及休閒需求、居住安養需求、心理及社會適應需求和家庭支持需求。

隨著社會變遷而衍生出傳統家庭和社區結構的式微，傳統封閉式網絡已漸為開放式網絡所取代。志願服務匯集社會資本在開放式社會網絡中，乃是一種優越的情操表現，是一種人性的昇華體現。美國社會工作百科全書定義志願服務為：「那些沒有報酬，自由奉獻志願服務組織的人們，從事各種類型的社會福利活動。包括家庭、兒童福利、教育、心理衛生、休閒育樂、社區發展，及住宅與都市更新等方面的工作。」（Levin，1977）志願服務的推動，成為國家福利政策的重要內涵，倡議全民參與，逐漸成為公民權利（citizenship）的核心概念。例如：英國自柴契爾夫人主政期間，即積極尋求與志願服務部門合作來提供公共服務，人民透過志願服務的參與而有機會參與公共事務。

民主社會的發展，非營利組織或志願部門地位的提升，志願主義的興起，使民眾藉由志願服務有更多參與公共事務的機會。社會資本與公民參與有密切的關係，志願服務者將所學的知識技能，從事社區服務工作，以協助解決社區問題，並藉由服務經驗的反省養成公民知能與社區意識，善盡公民職權。依據行政院主計總處「臺灣地區社會發展趨勢調查暨社會參與報告」，將志願服務單位分為以下九種類型：1.醫療機構；2.文教機構；3.環保團體；4.政府機關；5.社福機構；6.宗教團體；7.義警；8.義消；9.其他。

社會資本為一種公共財，本質是為了大眾的福祉，社區內的社會凝聚力端視社會網絡、規範和信任而定，這些構成要素對社區生活品質的改善和社區發展是必要的。志願服務已普遍成為公民參與和實踐公民責任的新策略。志願服務是自動自發、助人利他，只問付出、不計回報的崇高志業，既是具生產性的工作，都是有能力，都能貢獻與付出，更是一種受倫理觀念指引的工作，志願服務是人人都是慈悲的，它是人性至善的發揚，以發揮「惻隱之心」（empathy）、「利他精神」，是肯定生命價值，是公民參與社會的責任。

高齡者參與志願服務不論是對個人、家庭，乃至社會都具有正面功能。志願服務是一種自發性自我奉獻，以利他及非營利的態度，促進個人、團體和社會福祉為目標，也是一種社會責任承擔的表現。志願服務的特性，歸納如下：

表2-6：志願服務的特性

特徵	內容
源於志願	是出於個人志願結合而成的服務，其服務動力來自參與者內心的意願，以自動自發的精神反應，而非外力的干涉、驅迫。
具有目標	透過個人意願和團體宗旨，志願服務得以在目標導向的規劃下，達成其服務功能。
利他行動	志願服務是個人內在價值與社會倫理結合的表現，屬於利他性的非經濟行為，服務的目的，不注重金錢或物質的酬賞。
互助合作	志願服務乃透過個人或團體，以有組織、有計劃的設計，達成互助共濟的目的。
長期投入	志願服務是持續的服務，它是由一群人，秉持同一目標，薪火相傳遞持續下去。
業餘從事	志願服務是行有餘力，則以助人的服務行為，並兼及物質與非物質、專業與非專業的層次。
大眾參與	志願服務在實施上是本著「人人可以做，處處能展開，時時都能為，物物可利用」的原則，因此，具有普遍性及經常性。
互利互惠	服務本身即提供服務者個人成長與發展的動態過程，所以服務過程即是施者與受者之間「給」與「取」的雙向互動過程。
資源結合	志願服務是整合人力、物力、財力、智慧的系統，經由人際、團體關係的建立，資源的獲取轉換及組織功能的發揮，方能有效地達成助人的目的。

（資料來源：黃明慧，1987）

志願服務為個人、團體或組織由於察覺到所處之社會，存有亟待解決的問題或不公平的現象，本著不求回報的態度，盡力協助他人與改善社會，以提高生活品質的服務工作（李芳銘，1989）。社會資本基於一種認同且同質性成員彼此間的多面向的關係，成員有緊密的接觸，且具有相互承諾，將這種連結視為一種「我群（like-me）」的實踐。因此，高齡者投入志願服務會考慮是否能從中獲得知識、生活目標與自我價值感，志願服務體現我群的社會參與及對高齡者的意義：

表2-7：參與志願服務對於高齡者的意義

類別	特徵	內容
個人層次	獲得成長	各方面獲得成長與改變，包括知識、技能、社交、情緒和態度。滿足自我需求，以個人想法和價值來決定是否參與志願服務，這種參與動力重視自我成長，如求取經驗需求、成就需求等。利他精神的形成是運用理智來統率感情的智慧，也是憑藉道德去守護心靈的遠見。
	提升價值	降低老而無用的負面印象，讓個人獲得心理滿足，提升自我價值感。針對志工工作對於老人健康促進的影響，發現參與志願服務的高齡者，在自我滿意度、社交活動、運動習慣及健康促進方面，都會優於其他未參與志願服務高齡者。
	增進健康	獲得生理的健康，以往顯少關注志願服務與健康促進的關係，但實務經驗上，原本經常需要看醫生的高齡志工，因為當志工的關係，跟著服務對象一直運動，及接受相關的訓練，的確健康獲得改善。
社會層次	回饋社會	針對社會情境因素所表現的行為及心理反應，培育利他精神旨在滋養人的精神，引領人的精神方向，最終目的是關照個人與他人、個人與社會的關係，促進人的全面發展。例如善盡社會責任、回饋社會、服務弱勢族群，社會倡導與相關機構的宣傳，更加強高齡者服務社會的動力。

類別	特徵	內容
	人力資源	當高齡志工發現自己真的能為機構盡心分勞時，配合度會增加，則能減輕人口老化所可能引發的問題，益於社會穩定、紓解人力短缺壓力，有助整體社會發展。
	人盡其才	以實現民主社會參與服務的理念，依託人與人、人與社會的關係，開展統一知、情、意、行的特殊教育實踐活動，是全身心立德，下功夫樹人的重要環節，讓高齡者可成為貢獻者，甚或生產者的角色，提高人力效率，使人盡其才。

（資料來源：作者整理）

二〇〇一「國際志工年」全國志願服務博覽會志願服務之類別：根據臺灣公益資訊中心，志工服務種類分為：行政支援、女性服務、兒童服務、老人服務、青少年服務、障礙者服務、輔導個案、動物保護、環境保育、社區發展、臨時住宿、生活扶助、收容收養、急難救助、教育研究、電腦科技、就業輔導、宗教服務、休閒娛樂、健康醫療、法律諮詢、權益倡導、媒體傳播、藝術文化、海外救援、國際交流、其他……等。

非營利組織（NPO）追求服務，是社會的良心，相繼以系統化的方式招募與教育志工，從事慈善與公益活動。有效的高齡志工管理策略有助於開發潛在高齡志工。志工管理要項歸納出多項，要能了解高齡者的感覺、需要、行為模式。逐一說明：

表2-8：志願工作的專業培育的歷程

程序	內容
招募	招募是找出志工的程序，也是鼓勵民眾參與志工行列的過程。招募管道包含有同仁、熱心家長、朋友的介紹或是口耳相傳，另也有透過傳播媒體發布招募消息。

程序	內容
甄選	甄選是以確認報名者是否真正符合機構要求的條件。透過甄選來了解擔任志工者，其對志願服務的看法、對機構的認知情況，甄選時所傳達的訊息包括機構簡介，相關規定說明等，以及了解此人的觀念與意願。
訓練	訓練是提供相關的知識、技能與工作態度給志工。為要依志工的能力與服務需求，設計不同的訓練計畫，建立起一套標準作業程序，並記錄相關服務知識，以利志工自我訓練，以職前訓練以及在職訓練的形式來給予志工相關服務知識。
學習	志願服務是新的學習方法，新的學習管道，新的學習型態；配合學習社會的到來，志願服務開創了終身學習的新境界。
分派	安置分派是指將志工安置在組織中的某部門，並分派相關的職務給志工，是影響志工是否願意到機構服務的一大重點。
督導	督導是指管理者要去監督與輔導志工，當志工在服勤過程中遭遇問題困境時，管理者要隨時協助之。
激勵	激勵是指管理者要以各種方式激發志工的內在動機，呈現的都是符合高齡者的需要及行為模式，使其有持續投入服務的意願。
獎勵	獎勵表揚是指表彰志工的一種程序，用以酬謝那些有貢獻的志工，對於志工參與服務，激發社會責任感，以專業的訓練及有效的管理，擴大志願服務的內容。
評估	績效評估指的是針對志工某一期間的工作服務表現，利用所設立的評估標準或審核方式給予志工一份工作成績單，讓志工增長知識，給予志工學習的空間，讓志工自覺能把活動辦的很好。

（資料來源：作者整理）

當社會面臨人口結構的挑戰，須藉重民間機構與團體力量的投入來協助解決，志願部門就充當補充角色，與政府形成伙伴關係，志願服務乃是社會發展的一股龐大的動員力量，展現社會資本的作為。社會資本是人們或組織跨越既有的界限、地位的連結，是一種社區成員和直接或間接之間的連結，它促使人們或團體跨越既有的疆界，透過與不同層級的個人、組織或團體的連結來獲取資源。隨著高齡者參與與專業知能增進的需求，志願服者的繼續教育是持恆發展、精進所能的重要事項，主要項目為：

第一，促進成員的學習機會：志工不只是磨練態度跟心境，提升自我的能力是在服務中重要事項。

第二，加強成員的溝通互動：如協調整合、互助合作機制，引導吸取創新能力智慧，進而應用於服務場域。

第三，增進組織的學習績效：如發展願景的塑造、核心價值觀的形成、工作流程的變革等。

肆、志願服務與健康促進

健康促進含括身體、心理與社會面向，民眾須提升其健康知識、健康態度與健康行為。除個人努力外，亦需要家庭、社區及各種場域環境的支持，以達到個人更健康與活躍老化的目標。世界衛生組織「活躍老化」政策架構所稱的活耀並不單指身體的活動，或是加入勞動市場，而是指持續對社會、經濟、文化、及公民事務的參與，希望高齡者在退休之後，能夠持續與社會互動，除了維持自身生理健康之外，也能夠強化社會及心理的健康。

世界衛生組織於二〇一三年提出「健康融入所有政策（Health in All Policy）」，建議政策面必須提高民眾的健康素養，有助於強化其生理、心理與社會的健康、正向思考的能力及幸福感。社區推廣要確保民眾是否能做到「SMILE」，包括能睡（sleep）、能運動（mobile）、能夠與人互動（interact）、能有愛（love）、能吃（eat）。

活躍老化除了高齡者身心健康和獨立自主，亦涵蓋社會參與和社會安全層面，突顯對老化更積極、更活力的看法，藉以強化高齡者志願服務的活躍老化。

一九八〇年代起，服務學習成為一種新興的學習方法。從「成功老化（successful aging）」到「生產力老化（productive aging）」，老人志願服務愈來愈受重視，在高齡社會愈來愈多的老人參與志願服務，參與志願服務的結果（outcome）或對參加者的獲益（benefits），其中志願服務參加者的獲益與個人屬性或參與情境具有關連性。

在志願服務的過程中，老人服務老人是很重要的做法。聯合國於一九九一年通過的「聯合國老人綱領」中即提到：老人應能尋找機會來服務社區與擔任適合自己興趣及能力的志工（聯合國，1991）。社會資本對其居民的生活與社區的發展會有一定程度的影響。不僅被視為對貧困社區情境的改善有其重要性，也是強化社區生活品質及社區永續發展的必備要素。促使傳統的社區服務走向服務學習及社區參與，無論是從服務中學習，或從學習中進行服務，對於社區營造皆有明顯助益劃。志願服務成為社會發展的重要思潮，國民願意投身志願服務工作的比率，更是社會進步的重要指標。

志願服務能活躍老化，同時是減少醫療照護支出，志願服務者從事社區服務工作，讓健康老人協助勞動人力增加的解決方案，藉由健康促進提升長者能力、延緩失能；志願服務包含志願與服務二個概念，養成公民知能與社區意識，使高齡者的生活具有生產力，進而增加高齡者對日常生活的控制感、賦能與自尊，是個人本著濟世的胸襟，將所學的知識技能，以協助解決社區問題，善盡公民職權。

志願服務是社會進步的重要指標，而社會資本較佳的社區，將帶給社區更佳的生活品質，參與社區志願服務工作不僅可以協助老人重新調整其社會角色、增加其與社會支持及聯繫，更能協助老人學習扮演一種新的角色。投入社區志願服務市場，可藉由助人的過程，增加價值感。以社區為基礎的核心架構下，對志願服務注入一股自助互助的力量，改善社區的生活狀況與態度，帶動社會服務的風潮，落實福利服務社區化的理想，讓志願服務紮根社區，使自助互助的福利模式在社區永續經營。

透過T. H. Marshall社會權思想在社區照顧的實踐，是伴隨著福利國家的興起，並進行資源配置的照顧形式，運用新式的照顧形式，以取代或補充傳統家庭照顧能量之不足，不僅可以達到規模經濟，相對由政府供給來得有效率，亦可快速解決多數人的需求，同時也較符合社會正義的精神。研究發現，成功老化的要件就是持續在老年生活的心理和社會層面上的快樂與投入。成功老化中的老年生活包含兩方面，分別為：

表2-9：高齡者成功老化的老年生活

原因	內容
維持與他人的關係	包括社會情緒性的支持，像是情感、尊重、自尊的表達，以及工具性的支持，給予體力或是家事、交通、金錢等方面的協助，在社區服務中實踐利己利他精神，並促進人際親和的連結及自我成長的滿足。

原因	內容
持續參與生產活動	不論是有酬或無酬的活動，退休老人作為志工服務的人力提供者，是不可忽視的一股力量。使其能夠就近在社區中為社區的弱勢族群服務，對社區是一個有利的人力資源。

（資料來源：作者整理）

志願服務成為一種趨勢，高齡志工持續參與志願服務的動機是多重的，從個人延伸至與他人的人際關係，能獲得家庭支持，對於參與志願服務工作會更持久。再展開至與服務單位之關係，再擴大於與外界環境的互動，可歸納為個人因素、人際因素、工作因素、機構因素、環境因素等五項：

表2-10：高齡參與志願服務的動機

原因	內容
個人因素	從事志願服務是以服務、助人為目的，以利他性動機為主，為社會盡力，藉此能獲得內在滿足，進而促使參與態度積極、工作投入情形提高。
人際因素	與組織中成員及其他志工的相處情形、同事關係、人際互動、拓展、和諧情形較佳者，較能持續參與志願服務工作。
工作因素	體認工作的重要性、價值性及有效性，且可替機構盡力分勞，滿足其服務價值，工作被肯定以及能獲得成功的鼓勵。
機構因素	有明確的使命與願景，開放和諧的組織氣氛，協助成功適應服務環境，良好志工福利制度和獎賞制度等，吸引持續參與。
環境因素	人口變遷、就業市場、文化特質、福利需求、政治體制，政策鼓勵及友善措施等。

（資料來源：羅千綺，2005）

上述各項高齡者持續參與志願服務的動機，與他人的互動、人際關係和諧、得到他人敬重、能得到關懷與尊重、參與感與自我實現、參與社區營造的榮譽感等，若是等需求得到滿足，將能促成高齡者持恆投入志願服務，進而有利於社區發展工作的運作。

隨著「在地老化（aging in place）」的倡議與推展，長者傾向在熟悉的生活環境中活動，因此社區對長者的生活而言，是一個非常重要的支持體系。培力（empower）長者於所屬社區貢獻出自己的力量，透過鄰里互助照顧自己的老人家，是高齡者志願服務一個重要且有意義的方向，並成就「老有所用」。

結語

高齡社會已悄然來臨，在全球高齡化的世界浪潮下，因為出生率降低，人類壽命延長，加速人口結構的迅速改變。人口老化帶來社會極大的壓力，但針對高齡者善用人力資源取向著重於設計預防或保護性制度或措施，將可減緩或延遲或縮短人口老化所帶來的社會衝擊。志願服務是出於自由意志，非基於個人義務或法律責任，秉誠心以知識、體能、勞力、經驗、技術、時間等貢獻社會，高齡者志願服務以達成「助人利己」，成就活躍老化、健康老化、成功老化。

在少子化、高齡化的今日，初老照顧老老將是未來的趨勢，以實踐「老老相扶」的精神。而社會資本是建立連結、溝通和凝聚所必要的要素，它使得社會能夠再造，並提升環境保護以追求永續。參與志願服務可以提升老人的生理健康、心理健康、社會健康、心智健康，並有比較好的功能表現。可讓人持續學習、成長與社會參與的場域，個人能透過既有能力和新學習的技術已展現生命的意義及價值，這不僅擴大社會支持網絡，亦可讓生活型態更主動與正向。

第三章　高齡者志願服務的功能

前言

促進高齡者健康，提升高齡者社會參與知能，以協助高齡者成功老化，政策跟實務上應有更多鼓勵的作為，我國順應世界潮流，於二〇〇一年立法通過《志願服務法》，志願服務制度邁制法制化，希望能為志工提供更多的助力及鼓舞；另一方面亦希望藉以提升民眾參與志願服務。

高齡者透過志願服務展現無私的奉獻和付出後，能檢視自己的生命經驗，培養覺察和醒悟的能力，重新釐清自我概念和生命意義。高齡者面對生理、心理及社會的改變，有著許多必需適應的問題，志願服務不只是因適應生活而為的活動，應是一種生活態度；從生命發展任務的概念來看，高齡者有六項適應任務發展：適應生理的老化、適應失去工作角色、適應配偶的死去、適應收入的減少、繼續參與社會及維持良好的人際關係。

壹、高齡者志願服務的特徵

志願服務是需要人本濟世的胸襟，對社會提供精神或物質的力量，致力於改造或促進的服務。縱觀整個志願服務發展的歷程，追溯源頭，無論是英國的「濟貧法」、「慈善組織會社」還是「睦鄰組織運動，」無一不反映出了早期的助人服務的目標。

在進入專業服務的時代是講究方法、效率和創新服務，這對志願主義的發展具有多重的影響。我國的《志願服務法》強調：志願服務為民眾出於自由意志，非基於個人義務或法律責任，秉誠心以知識、體能、勞力、經驗、技術、時間等貢獻社會，不以獲取報酬為目的，以提高公共事務效能及增進社會公義所為的各項輔助性服務。

高齡時代來臨，老人退休生活時間變長，高齡退休人口的生活規劃運用極為重要。志願服務是一種自發性自我奉獻，以利他非營利的態度，促進個人、團體和社會福祉為目標，也是一種社會責任承擔的表現。社會資本能對社區帶來正向的影響，透過自主規範的分享，將一些正向的社會價值（如：信任、尊重等）內化於社區成員日常生活中，使其成為一項非正式的社會機制。

表3-1：志願服務的作為

因素	內容
分享	秉持「甘願做、歡喜受」的理念，弘揚愛心，傳送溫情，是把自己所有的東西分給別人與其一起享用。
奉獻	以己之有餘，助人之不足，是把自己所有的一部分或全部無條件的送給別人，促使群己關係更融洽，社會福祉更增進的一種崇高的志業。
協助	發揮「助人最樂、服務最榮」的精神，是看到別人需要時，無論是行動或財物，助人滿足其需要。
安慰	是在別人遭遇困難或悲傷，發生情緒作用時，以行動予以慰藉，減除其情緒強度。散布關懷傳播愛，淨化心靈、美化人生、誠心奉獻、無為無求的助人事業。

（資料來源：作者整理）

社會資本對社區培力的運作是必要的，讓社區居民跨越居住地，以為高齡者開創服務的機會，獲得社區發展所須的外部資源。讓社會了解高齡志工特質或發掘其專長，取代視高齡者為依賴者的刻板印象，以促成高齡者重返社會服務，並從過程中達成自我實現的目標。同時，讓老人過著健康、安全、活力、尊嚴的生活成為社會關注的議題。

為提升高齡者對於自我社會價值及參與社會的動力，我國於二〇一五年公布《高齡社會白皮書》，以「健康生活」、「幸福家庭」、「活力社會」、「友善環境」為願景，其中在「活力社會」願景下規劃「銀髮動能貢獻大」行動策略，並以「鼓勵高齡者參與志願服務」為具體方向。高齡者參與志願服務的因素大致可歸納為三種：

表3-2：高齡者參與志願服務的因素

因素	內容
意願	志願服務是人們考量成本和效益的理性選擇後的行為表現結果，擁有愈多人力資本者，愈可能去從事志願服務。
能力	從事志願服務工作除有時間、有健康的身體外，個人的技能亦會影響個人志願服務參與的機會，其中技能包括認知能力、公民能力，以及掌握資訊、創新能力。
機會	指有無適當的機會，且機會訊息的傳播通常發生在個人的社會網絡內，故當個人參加的正式組織愈多，個人的社會脈絡愈緊密時，就有較高可能的志願服務參與。

（資料來源：作者整理）

從古至今志願服務即存在於人類社會裡，聯合國將二〇〇一年訂為「國際志工年」，我國也於同年制定《志願服務法》。因應社會的多元發展，高齡志工的志願服務動機多元，多以「利他」為主。藉志願服務表達對人道主義的關心，對社區盡一己之力以提升他人的生活品質。回顧我國志願服務發展歷史，我國推行志願服務工作，始自一九五二年在農業推廣體系的「四健會」（四健－身、心、手、腦）組織中，有「義務指導員」制度，即首次出現志願服務工作的雛型。在政策推動之下，志願服務的內涵意義從早期強調個人利他的美德，擴及到以組織型態所提供之不計酬勞的服務，除了強調本著奉獻心理與互助美德，幫助他人的基本精神，更融入了現代公民社會所具有的公益責任。助人也並不是單純的物質上的幫助，更是精神上的支持，讓接受服務者的能力得到提升。參與志願服務對於高齡者的意義在於追求心理的滿求，以獲得自我成長、自我實現與社會肯定的滿足，能與社會接軌，發揮長才，以樂觀態度面對老化，並提高自身的生活品質。

因應臺灣高齡社會的長照需求，於二〇一七年實施「長照二.〇」計畫，政府為落實「在地老化」的目標，推動「小規模、多機能」的社區照顧關懷據點，以尋求，以面對高齡化社會的浪潮來襲的出路與契機。相應的志願服務是世界潮流，高齡者志願服務促進社會資本活化人際之間的信任度，降低經濟活動的交易成本，進而為社區帶來正向的經濟效益。社會參與是維持人際關係網絡的重要支持，其參與範圍包括教育、志工、政治、宗教及其他各種社會活動的參與。高齡者志願服務的特質：

表3-3：高齡者志願服務的特徵

特徵	內容
志願服務	志願服務由關懷他人開始對社會福利的參與，都是表達對社會的關心，且具體行動分擔責任。雖然志工在提供社會服務工作時，有時仍然會有交通費的補貼，但這並不是衡量個人服務能力所提供的經濟性報酬行為。
自由意志	志願服務是出自於個人的自由意志，非外力強迫的利他行為，在參與的過程中，是民主素養的訓練，如尊重他人、平等、自由等價值的學習。
社會責任	志願服務是基於對社會的責任，在開放的社會中，依其自我意願選擇自己所關心、認同的志願組織來從事服務。一種社會連帶的緊密關係與情感，利用自己的有餘，補足服務對象某方面的公益活動，是一種公民社會自發力量的具體表現。
人際關係	這種作為包括與人分享、付出、幫助和安慰。維持社會關係，強調與他人所產生的互動，例如填補退休後空閒時間、可以認識更多朋友、擴大生活圈，並會以團體的規範是否彈性合宜、對社會關係網絡影響來決定是否參與。
人力資源	高齡者是一群值得開發和運用的人力資源，對於具有這群具有長才的退休者，如能有效運用，讓其重新投入社會或加入社會服務工作，將可增加社會的人力資本。對於個人言，可增加退休者的成就感及自我肯定；對於社會言，當社會關注因高齡者所帶的財務成本所帶來的貢獻，隨著高齡者人口的增加，貢獻總量持續地擴大。

（資料來源：作者整理）

志願服務並非謀求個人經濟利益之行為，非屬個人義務性志願行為，參與志願服務對於高齡者的意義在於追求心理的滿求，以獲得自我成長、自我實現與社會肯定的滿足。志願服務並非因為義務應該做，當高齡者抱持「建立社會關係」動機來參與志願服務工作，持續參與度也會提高，而因自動自發服務有需求的對象。

英國學者迪姆斯（Richard Titmuss）針對社會服務即主張，應多關心提供社會服務的人群組織，服務的歷程對於多面向的人類需求應保持相當敏感度，包括問題評估、溝通協調、社會診斷、福利轉介等，當政府無法單獨滿足人民的需求時，借助民間單位已成為不可或缺的服務供給過程，該理念精神亦成為社會工作推動的政策方針。當社區居民能以志願服務，將可激發更多社區居民投入服務的行列，其所產生的擴散效應，不僅可讓社區的物理環境獲得改善，亦可因社區的「進步」，而激發社區居民的榮譽感及凝聚力。這不僅呈現出社區營造主張以「由下而上」精神取代政府「由上而下」的指導方式，其背後亦隱含著政府的角色逐漸由「統治（government）」轉移至「治理（governance）」的過程。透過社區居民間的參與合作，不僅有益於彼此的互動，更珍貴的是讓互助與互動，昇華至互惠，進而形成有益於促進社會資本之互動、互助與互惠的良性循環。

因應全球化與人口結構變遷，「多樣化管理」強調以平等對待與尊重差異的價值發展。爰此，Burgess於「活動理論」中主張，老人除了在生理及健康方面有所變化之外，其實和壯年人一樣，仍具有社會參與的需求，希望能參與社會活動。老人並非沒有角色，而是由新角色來取代失去的角色。是以，志願組織為達到有效的服務，宜針對服務內容實施職前訓練或在職訓練，以提供志願工作者再教育和成長的機會。志工也因新觀點的引入，創造組織的新氣象與新認同，進而在互相接納與包容，激發與提升每一位成員的潛力，啟發與帶動更大的能力與潛力，並為社會帶來豐盛多彩與生氣蓬勃的生活。

貳、高齡者志願服務的理論

當社會觀念改變，了解老人的需求期望，讓老人的豐富知識、經驗融進社會，是一件正面的事。高齡社會對策的總目標為：「建構有利於高齡者健康、安全的友善環境，以維持活力、尊嚴與自主」。是以，高齡者志願服務的目標：1.改善生活品質，2.持續社會參與，3.適應社會變遷，4.促進成功老化，5.發展生命意義。高齡者的志願服務有其獨特性，無論在物質環境、身心條件均須妥適規劃安排。建立具有近便性的社區參與體系，俾便參與活動，是達成活躍老化的目標。

高齡者在參與志願服務的過程，從初期參與到願意持續服務，或者以實際行動投入社區事務，將可在潛移默化當中影響居民的態度，進而帶動居民的參與社區事務的服務歷程中，建構的理論以勾勒出高齡志工參與的過程。

一、社會參與理論

「社會參與理論（Engagement Theory）」是一九五三年Cavan等人所提倡，是最早被用來說明高齡者成功的適應及成功的老化的理論。一九六三年George L. Maddox亦建立「活動理論（Activity Theory）」。兩者皆認為社會因老年缺乏功能而將其排除在有意義的社區活動之外，而造成老年人具有「無角色之角色（roleless role）」。為能發揮健康人生，因此，主張個體在社會中的角色並不因年齡的增長而減少，應儘量維持過去中年時的活動，以維持身心的健康。志願服務不僅可以讓老年人重新尋找生活角色存在的意義，也可以滿足自我實現即彌補生活上的空白。

「社會參與理論」認為高齡期是中年期的延長，高齡者和青、壯年一樣，有活動的需求，願從事社會上的工作，參與社會事宜。儘管老人從主流社會中退休，卻可以藉由其他替代性的活動（substitute activity）來彌補、替代其所失去的角色，以保持活躍及社會參與。活動參與和自我概念有密切的關連性，自我概念愈積極，活動力愈強，生活滿意度愈高。因此，鼓勵高齡者藉由活動以尋求社會連結，參與社會服務活動，可以減少社會的隔離，減輕寂寞，增加人際互動與生活充實感，對老人的自我認知是有幫助的，將取得較佳的生活適應，而志願服務正是提供高齡者持續參與社會活動的好機會，以尋求社會連結及支持。老人如要順利進入老化過程，就必須保持足夠程度的社區活動參與，如此能夠從活動中取得積極正向的自我形象。

二、持續理論

「持續理論（Continuity theory）」是指人類生命週期的每一個階段均有高度的連續性，個人人格的特性，不會因進入老年期而有太大的改變。老年人有其穩定堅實的價值觀、態度、規範與習慣，雖生理退化，但是人格並未轉變。這些均會融入其人格與社會適應當中，所以多數老人均可預期其應有的展望。

持續理論並認為，個人人格特質是不會因為老化而有所改變的。在人生的各個發展階段，對某些事物的喜好都是持續不變的。年輕的時候喜好參與社區活動，則老年時也會有此特質；若年輕時個性安靜內向，則老年後亦較顯得退縮（Thorson，1999）。因此，持續理論鼓勵高齡者藉由各種活動參維持與其他人的關係與社會互動，延續其年輕時候的興趣、習慣或從事一些其他的活動以替代失去或變遷的角色。

老人若能保持活躍並與社會環境維持交流，較能成功老化。世界衛生組織在二〇〇二年提出的「健康」是「身體、心理和社會處於和諧的地步」，因此，在積極老化架構下，讓老人保有自主性和獨立性，以促進心理健康和社交關係與維護身體機能。根據持續理論，鼓勵老年人維持過去的習慣與興趣，利用參與志工服務活動保持與社會的聯繫，在助人服務過程，老年人從中學習並且接觸到社會上的人、事、物也因此有機會參加社會各種相關活動。此不僅能讓生活更有意義，且能減低孤寂感，強化自我功能及自我概念。

三、老人次文化理論

「老人次文化理論（Subcultural Theory）」由Rose（1965）提出，係指在社會裡部分人遵行與主流文化不盡相同的生活樣態；即當同一類屬（Category）的成員，彼此間互動機會較其他不同類屬的成員為多，次文化因而產生。

老人次文化理論強調，在社區中的老人，彼此的生活習慣、年齡、身心狀況相近，經過一段時間的相處及互動，會建立起特有的自我概念，形成一個體系，基於相同的特質與志趣，在相互認同與支持的互動模式下，增進了自我肯定與精神生活的滿足，進而發展成一個新的支持網絡，以提升其生活品質及自我概念，使得老年人在生活中能夠擁有身心愉快的生活。

Turner（1990）認為，老年人有共同的語言、相近的年齡及身心的發展。因為年齡相似而連結，漸漸在社會中形成一種次級文化，於是促成老年團體意識的產生。透過老人團體的彼此的互動及學習，便能夠形成另一個新的支持網絡，高齡者藉由協助他人，如：參與志願服務活動，透過志願服務可以讓老人從中獲得滿足感及自我肯定。

四、需求層次理論

「需求層次理論（Need-Hierarchy Theory）」由心理學家馬斯洛（Maslow）於一九五四年提出，將人類的需求層級化，分為生理、安全、愛與歸屬、自尊、自我實現等五個需求，當基本的生理及安全等較低層次的需求獲得滿足之後，會追求較高層次的精神需求。而Atkinson、Herzberg等亦提出「需求滿足理論（Demand Satisfaction Theory）」，均指出人類除物質需求的滿足之外，亦需要追求精神層面的自我成長。鼓勵高齡者服務社會大眾，以追求更高層次的心理滿足需求。退休者從工作崗位離開後，失去原有的社會地位，易造成挫折感，覺得自己衰老無用。若是在退休後擔任志願服務，可以滿足社會互動關係的需求，滿足其愛與隸屬、尊重、自我實現等高層次的需求，進而追求更高層次的心理滿足需求。

高齡者要滿足社會、人際關係以及與他人、團體互動的需要，否則會造成高齡者無形的心理壓力。易造成高齡者的挫折感，覺得自己不再為社會接受，被社會淘汰，另一方面家庭地位喪失，這都會造成高齡者心理、生活上嚴重的不適應。志願服務讓老人的智慧與專長可發揮影響力量，並獲得他人的肯定與尊重，滿足老人發揮影響的需要，以求取老年人晚年生活目標的滿足以及對老人角色的圓滿適應。

從需求理論來看高齡者志願服務，高齡者是藉由分享資源，供應豐碩的智慧與人生經驗來融入社會，並在主動參與的過程中，貢獻一己之力，進而影響人事物的進行，而社會提供高齡者均等的參與機會，並肯定其價值與參與目的；因此，高齡者的社會參與的意涵包括「分享資源」與「貢獻己力」，將寶貴生活經驗貢獻社會，體會生命存在的價值，並發揮「老人的社會機能」，表現自己的能力也覺得生活有樂趣、生命有意義，使其享有成就感。也因此，老年人在經濟、身體健康允許的狀況下，可以追求更高層次的心理需求滿足，從社會參與中得到自我成長及價值感的滿足，已達成成功老化的過程。

五、角色替代理論

「角色替代理論（Role Exist Theory）」係由Cottrell於一九四〇年代提出，鼓勵高齡者適應社會角色的調整，以新的角色來取代原來的角色型態；認為老年人社會地位的失落是一種社會角色的轉變，因而老年人應以新的角色來取代原來的角色型態。高齡者從工作崗位撤退後，如果時間太多，對高齡者不一定有利。因為高齡者在生理及心理方面均有逐漸退化的趨勢，若無適當的活動來填補心靈上的空虛和孤獨，反而容易加速高齡者身心的衰老。參加活動不僅可以協助老人重新調整其社會角色、增加其社會支持及聯繫，更能協助老人學習一個新的角色。

角色替代理論強調老年人生活適應的重點在於社會角色的調

整，因此而參與社會活動，以尋求另一種替代的、有意義的角色，透過角色活動，來填補其主要工作角色失去後所造成的生活上的空白，並重建生活的目標及自我的認同。高齡者繼續工作所帶來的好處，不僅止於經濟方面，還有生理、心理健康的促進與維持、社會網絡增加、對自我滿意度提升、對家庭生活滿意度提升、獲得更多成就感、以及增加自信心。而高齡者參與志願服務工作為新社會角色扮演的型式之一，老年人參與志願服務就是退休後新社會角色扮演的形式之一，可透過服務人群，以增進生活的意義與個人的滿意度。參與社區志願服務工作不僅可以協助老人重新調整其社會角色、增加其與社會支持及聯繫，更能協助老人學習扮演一種新的角色。

六、社會交換理論

「社會交換理論（Social Exchange Theory）」的建構者赫門斯（Homans）強調社會關係是一連串的社會交換，當社會行動者認定行為所帶來的獎賞勝過付出的成本時，行為才會繼續。人人皆想在交換中獲取最大利益，致使交換行為成為一種相對的得失，而個人投資的大小與利益的多少，基本上是相對的，且是公平分配的；某一行動的後果對他越具有價值，他越有可能採取這一行動。藉由「社會交換理論」，因社會行動者在決定參與那些類型的志願服務時，通常會考量其付出的時間精力可獲取到什麼樣的利益。該酬賞可分為「內在性報酬，即從社會交往關係本身中取得的報酬，如樂趣、社會贊同、愛、感激等」；「外在性報酬，即在社會交往關係之外取得的報酬，如金錢，商品、邀請、幫助、服從等。」

「交換理論」植基於「酬賞」的觀念上，某一行動越是經常得到回報，此人越是可能採取該行動。因此退休營造新的人際關係，就必須走入人群，參與社會活動，才能建立自尊心與價值感。進一步而言，代價的付出與利益的回收，是行動的主要考慮因素。因此，如果某人的行動獲得了預期的回報，尤其是獲得了超出預期的回報，或者未招致預期的懲罰，此人就會高興；他更可能採取受贊同的行為，而這類行動的後果對他來說也更有價值。是以，當高齡志願服務者認為時間、心力之付出與內心滿足、實質收獲大於付出的代價時，則高齡者必會對志願服務持續付諸行動；因此社會福利機構或者社區，要能招募到或留得住高齡志工，則在於高齡志工能否感受到機構及社區提供適當回饋。

參、高齡者志願服務的價值

西方先進國家為因應人口老化問題，積極投入和發展第三年齡大學的教育工作，以面對人類壽命延長後的生活需求。老人社會參與及志願服務的成效，除了受老人本身的意願影響，政府或相關團體的支持也是相當重要的。參酌英國最大的長者服務組織Age UK的座右銘就是「熱愛晚年生活（Love Later Life）」，因此與其強調照顧服務，著眼如何「提升幸福感」，並以此作為「個人化整合照顧（Personalized Integrated care）」服務的核心價值和目標。政府或相關團體可舉辦社會參與及志願服務的訓練活動，讓年長者發揮所長，不僅可豐富他們的生活與人生價值，也彌補勞動力與生產力缺口的問題，讓年長者重新將過去的專業與經驗再次貢獻社會。

例如職前訓練、在職訓練、會心團體訓練及觀摩活動，以增進社區照顧老人參與社會的能力及技巧，讓老人勇於面對社會、貢獻己力，社區照顧老人可從社會參與的過程中重建自信心，對整個社會人力資源的運用上也有相當大的助益。

志工的出發點是「在別人的需要裡，看見自己的責任」。高齡者從事志願服務工作，除了利他、利己、互利外，也對其成功老化帶來新的影響。衛生福利部國民健康署自二〇一〇年開始，引介WHO所倡議的「活躍老化」及「高齡友善城市」，以「敬老、親老、無礙、暢行、安居、連通、康健、不老」等八大面向為基礎，協助營造高齡友善的環境。參酌日本秋田市自二〇一三年開始推動「年長者友善計畫」，在當地公民團體、非營利組織與企業的支持協助下，營造健康樂齡之都。依據WHO所提供的指標，分別從公共空間、大眾運輸、住宅、社會參與、社會尊重、工作與志願服務、通訊與資訊，以及社區與健康服務等方面來進行推動，不僅要求建築與道路設施需符合年長者需求，還積極與當地企業和社會組織進行合作，鼓勵年長者擔任志工、再次就業，甚至自行創業，並提高市民對高齡友善環境的意識與認同感，參與計畫的企業大幅增加高齡再就業機會，其具體成果為：

表3-4：日本秋田市推動「年長者友善計畫」的內涵

特徵	目標	內容
社會生活	打造終身活躍的互助網絡	推動「高齡社群活動創建與支持計畫」，共同建構一套跨越各年齡層的志願性服務系統，積極培育志願服務者，大多來自不同的年齡層與職業，協助關心照顧年長者的生活與健康。

特徵	目標	內容
產業經濟	建構友善環境鼓勵再就業	讓年長者能便利行動，並參與各種社會活動，提供所需要的環境與設備，舉辦研討會與健康課程，以及提供高齡再就業機會。
空間環境	支持年長者活動創造價值	鼓勵年長者走出封閉的生活環境，參與社會活動。開辦「單幣巴士服務」，以優惠方式搭乘公車。
教育文化	以敬老昇華理念成為共識	針對高齡社會所面臨的各種議題與相關政策作為，辦理研討會或課程，邀請各領域專家與當地企業、市民、學校，共同分享學習，讓高齡友善的理念深入到民眾的生活中。。

（資料來源：作者整理）

志願服務增加人際間的社會網絡，使個人擁有較密集的社會網絡，形成社會連帶（social solidarity）易產生信任關係。志願服務是社會文明進步的重要標志，高齡者繼續社會參與活動，規律的參與有興趣的活動。除了須具備專業的知能之外，專業倫理更是其中的關鍵，助人工作的目的就在提升當事人的福祉，專業人員除了對專業倫理的涵義與重要性要有所了解之外，更要能知行合一，在專業行為中實踐倫理的信念，表現合乎倫理的行為。

人口快速老化與平均餘命的延長，使我們愈來愈重視老年生活，加上高齡者健康、經濟資源的提升與家庭支持系統轉弱等現代社會特性，鼓勵高齡者從事社會參與成為老人福利中的重要課題。活躍老化的體現是以社會參與為基石，而老人透過社會參與，建立社會連接關係以整合社會，增進身心健康及福祉。政府應建構高齡友善環境、發展永續公平的長照服務體系，並依老人多元需求快速發展新興服務模式，促進社會融合、鼓勵社會參與、維護身心健康、保障生活安全、增進老人幸福感的友善服務體系。

志願服務是結合人力資源，尊重個人的自由意願，秉持助人及利他的觀念，用實際行動表現，推展社會服務，在服務過程中，不計較報酬，並可經由教育訓練，提高工作能力，使得服務能有效進展，達成助人目的，同時也提供志工自我成長的機會。

表3-5：高齡者志願服務的定位

特徵	內容
生命意義	對於高齡者的定位不再只是被照顧者或依賴者，藉由志願服務的參與而找到替代的角色，以展現出高齡社會的豐富生命力。
生活重心	高齡者於生涯轉銜過程中，可能會經歷失落或頓失生活重心，因此，尋求一個新的、有意義的角色，重建生活意義及自我的認同，鼓勵高齡者延續生活重心與持續發展人生目標。
多元服務	高齡者於生理、心理及社會層面的良好發展，不單只是高齡者本身的意願，而與其家人、朋友、社區及社會等多元環節息息相關，並且更可能對其生活產生滿足感。
引導風氣	促進高齡者身體、心靈健康外，志願服務提供公民參與公共事務的機會和管道，也應積極思考為高齡者創造一個更友善的社會，提供他們更親民、便捷的參與環境。
創造價值	藉由各種活動參與能夠維持人際關係與社會互動，提升社會對志工角色的正面評價，讓更多人看見高齡志工的活力與多元性，進而帶動志願服務熱潮，為社會創造的價值與意義。

（資料來源：作者整理）

傳統上普遍認為高齡者是「受助者」而非「幫助者」，是「消費者」而非「生產者」，對老人普遍存有相對負面的觀念，然而卻忽略了長者在經驗、才智、學識上的豐富性，及時間上的彈性。德國北萊茵－威斯特法倫州（North Rhine-Westphalia）於西元二○○○年開始的一項計畫中發現，加強老人的「社會參與力」，能夠延長老人的健康壽命，而且社會參與力愈強的老人，經濟活動力也愈強，這種自發的作為，對經濟的效果比政府投入大筆資金發展「銀髮產業」或是「促進消費」還要來得更有效益。志願服務是一門助人工作對當事人、當事人的關係人、服務機構及社會都負有倫理責任，自己也應有適切的專業知能與修養，志願服務就建基在有別於一般人際關係之專業助人特殊關係上，也是維持專業生存的重要基礎。驗證了傳統的俗諺：「活動，要活就要動」。愈常活動、參與社會、關心他人、常保學習的人，活得健康的時間比別人還要長，醫療與照顧的使用也能夠比別人少（林金立，2008）。

目前我國的高齡者政策，仍將高齡者視為接受他人服務的一群，消費自己與社會的各項資源，較少提供學習機會與管道，徒然浪費寶貴的人力資源。因應高齡社會的來臨，政府除了對高齡者在政治、經濟、教育、福利、醫療、安養等面向應做妥善的規劃，以減輕高齡人口對社會的依賴外，更應從高齡者的特質思考高齡社會所帶來的正面提升，志願服務程度越高，生活適應、心理與生理的調適情況越好，使成員增加社區活動參與的意願，藉由志願服務的參加，提升社會參與，並對其健康是一項助益。社會資本強調：規範、信任、網絡與互惠等基本要素，加以善用高齡者豐富的經驗與人力資源，讓社會朝向更好的方向發展，實為高齡社會亟須思考的議題。

肆、高齡者志願服務的目標

二十一世紀是志願服務發展的重要世紀，聯合國將二〇〇一年訂為「國際志工年」，志工是世界最富足的社會資產。隨著高齡社會成為先進國家的普遍趨勢，新的思維受到越來越多的重視，致力於高齡參與的探討，創意老化主張藉由有結構的創造性活動，可以協助高齡者看見自己的潛能及自我價值、找回尊嚴、活出快樂有價值且健康的後半生。藉由參與藝術、音樂、舞蹈、園藝、寫作等創意課程及活動，以開發高齡者創造力的潛能，讓高齡者發現生命的無限可能，找回積極生活的動力，過著健康且充滿創意的老年生活，設立不同型態的「創意老化中心（creative aging center）」，發展出許多實務的方案，讓老年人不再成為下一代的負擔，反而可以自立甚至可以成為社會新的人力資源。呈現社區照顧中兩個重要的概念，第一，是強調「讓需要照顧的人留在社區中」；第二，是突顯過程資源的聯結。

面對高齡社會的快速趨勢，先進國家積極推動「福利社區化」。強調運用社會工作的方法，把社會福利落實在社區中，是將社會福利體系與社區發展相結合的具體措施。鼓勵社區提供福利服務的立場下，透過社區培力的過程，重塑社區功能，提升社區服務績效。社區是一種親戚、朋友、鄰居、鄰里、社團、店家、企業、教堂、廟宇、機構，具有共同使用的「社會性地域（social place）」。社區居民的互動與互助行為，有助於建立富有情感的社區關係；居民自動自發的社區服務，可在社區產生擴散效應，激發社區居民的合作意向。為應社區長者的需求，在福利社區化的推動下，「社區照顧」成為一種長者安養照護的良佳方式。社區照顧是動員並聯結正式與非正式的社區資源，去協助有需要照顧的人士，讓他們能和平常人一樣，居住在自己的家裡，生活在自己的社區中，而又能夠得到適切的照顧。爰此，政府在一九九六年實施

「推動社會福利社區化實施要點」，並於一九九七年選定部分地區進行實驗，類似項目更被納入「新故鄉社區營造」中有關「健康社區福祉營造」的部分，其政策強調「社區自主」而非「專業服務」，這可說是一種去科層化與去專業化的過程。

「活躍老化」的體現是以社會參與為基石，在關懷高齡者的作為中，「活躍老化」已成為政策上的重要取向。盱衡全球將志願服務立法的首推西班牙，該國於一九九六年頒布，我國為積極推動志願服務，於二〇〇一年訂頒「志願服務法」，希望結合社會資源辦理社會福利事業，擴展高齡志工服務計畫到各個領域的運用。尤其社會福利的志工人力資源以中高齡者居多，社會服務項目以老人福利服務的投入最多。活躍老化的政策基礎原則之一也是「社會參與」，其策略涵括：

表3-6：高齡者藉社會參與以活躍老化策略

目標	內容
提供學習機會	提供高齡者教育及學習機會，以獲取知識、發展能力、涵養專業，因而擁有更多的競爭資本，對於未來能有更多的選擇機會，得以向上流動、翻轉處境。
投入志願服務	投入社會發展的活動與志願服務等工作，使民眾由成年轉換生活型態的老年階段，裨益健康、安全、活力、尊嚴和自主的生活。
增進個人健康	鼓勵參與志願服務，讓高齡者增進個人的生理及心理健康，肯定自我及提升自主性，而豐富的工作和社會經驗，更是重要的社會人力資源。
達成健康老化	建構有利於長者健康、安全、參與及終身學習，達成健康老化、活躍老化，提升尊嚴，可讓其發揮所長，貢獻社會，增進社會公益。

（資料來源：作者整理）

從高齡社會圖像及務實角度，應致力縮短失能、失智、貧窮、身心障礙等對個人、家庭、社區帶來的衝擊，促進社交關係、融入社會，做為社會支持，減少孤獨疏離感。二〇一五年我國推動的「高齡社會白皮書」，提出高齡者全照顧的政策藍圖與行動策略，希望由政府引導民間力量共同參與，達成以下的目標。

面臨高齡、少子化的社會，提升高齡者社會參與，是邁向高齡社會重要的發展任務。鼓勵年長者參與志願服務，像是在社區中心協助孩童課後輔導活動，或是在當地美術館擔任導覽員等。藉由參與社會活動的過程，讓年長者能交到志同道合的朋友、藉由「被需要感」重新找回自己的價值，甚至達到自我實現，以維護年長者的心理健康。充分活絡社區人力資源，提供妥善的服務，讓所有居民感受在地關懷與溫暖，達到福利服務社區化，及「在地老化，就地安養」的功能，為社區挹注更多活力，打造一個老人宜居，高齡樂

表3-7：高齡社會白皮書建置的目標

目標	內容
延長老人健康年數	經由資源整合、公私協力及積極參與，建構健康促進、社區安老、生活支持、社會參與等，提升個人健康識能，普及布建資源網路，以增加健康年數，促成活力老化。
落實為老人找依靠	因應高齡人口快速成展、服務需求增加及服務資源不足，在長期照顧服務計畫的基礎上，透過機構、社區及居家等多方面的服務資源網絡，提升長期照顧服務的量能。
減輕家庭照顧壓力	透過健康促進，減少失能人數，建置照顧服務資源網絡，提供家庭照顧支持，減輕照顧壓力，使生涯發展能夠擁有更多空間與能量；同時鼓勵高齡照顧服務及產業創新，提升就業、創業機會。
促成銀髮產業發展	透過管理機制，促成銀髮產業形成，鼓勵民間運用大數據分析，掌握高齡者食衣住行育樂等各面向需求。

（資料來源：作者整理）

活的社會，提升參與志願服務，以創造高齡友善環境，增進健康與生活滿意度，共創祥和互助的理想社會。

社會參與理論鼓勵高齡者積極參與社會活動，甚至是參與志願服務活動。透過參與人群互動、服務他人、再就業，以及創業的過程，年長者將從被照顧者轉變為奉獻者，進而找到生存的價值與意義，心理快樂便能促進身體健康，不但減少醫療支出，其智慧與經驗反而能成為產業發展的動力。因應人口結構趨勢，我國於二〇一九年十二月三讀通過的「中高齡者與高齡者就業促進法」的重點，主要包括：

一、**禁止年齡歧視**：強調禁止年齡歧視，鼓勵世代間的合作，企業發展友善年齡職場。

二、**提供穩定就業措施**：包括職場健康促進、職務再設計與轉介長照資源與服務。

三、**促進失業者再就業**：放寬雇主以定期契約雇用六十五歲以上高齡者，補助繼續留用或雇用退休高齡者，

四、**高齡人力與退休人力的運用**：推動退休準備教育與設置退休人才資料庫，以利第二人生開展。

臺灣因應WHO活躍老化政策，強調要持續倡導國民身心健康、老年經濟安全、老人照顧服務，以及健康導向之衛生醫療體系，政府推動政策，包括二〇〇六年「邁向高齡社會老人教育政策白皮書」，二〇〇八年「高齡化社會勞動政策白皮書」，二〇一三年「友善關懷老人服務方案」及二〇一三年「營造高齡友善環境施政計畫」，都是期望達成老人的社會參與、促進老人的身心健康、維護老人的自主與尊嚴、鼓勵老人志願服務、強化人際關係、營造

世代間相融合的社會等目標。

結語

經過各方積極努力推動志願服務工作，志願服務類型變得更加多元豐富，舉凡：社會福利、醫療保健、教育文化、環境保護……等各領域，都可以看到志工認真付出的身影，也有愈來愈多的人願意投入志願服務的行列，志工已成為推動各項政策方案重要的人力資源，尤其在社會福利領域，更是如此。

傳統生活型態的快速變遷，已衝擊到社會的凝聚、互惠與價值。從事志願服務對參與者的價值，是受到價值和信念的影響，而價值與信念是深植於文化脈絡，如行善助人、社會責任。同時，當能充分瞭解與尊重社區居民的真正需求與感受，將可強化民眾與社會之間的關係；若能以實際行動展現對老人的關懷，將可增進老人對社會的認同，志願服務展現個人與社會互惠的行動，可帶給社會資本有利的發展契機。

第四章　我國高齡者志願服務

前言

臺灣的人口結構正面臨重大轉型，人口急速老化，生育率持續下滑，形成高齡社會的型態，勢將對社會發展帶來衝擊。先進國家強調高齡者社會參與以為應對，鼓勵高齡者在老化的過程中，參與家庭和社區生活，其中志願服務對高齡者的生活適應具有正面的調適作用，透過服務使高齡者持續保持人際互動，進而取得情緒上的支持、物質上的幫助以及與社會上的接觸，緩和因壓力對個人帶來的負向作用，成為高齡社會的因應之道。

高齡者若能參與志願服務，有助於提升自我價值感，並維持與社會的互動。從服務過程中不斷與自己的心靈對話，從行動中轉念累積能量，確立生命的價值，裨益生理、心理健康，並在助人行動中提升自己的生命境界，省思整理自己生命的經驗，進而洞悉自我及肯定自我。

壹、高齡者志願服務的必要性

「志願工作者」簡稱為「志工」，參照志願服務法：志願服務為整合社會人力資源，使願意投入的力量做最有效的運用，以發揚服務美德，促進社會建設及提升國民生活素質。志願服務是對社會盡責，非受金錢利益的吸引，依個人意願選擇以達成社會需求，此行動遠超過個人的基本義務。

「志願服務法」對志願服務的定義為：「民眾出於自由意志，非基於個人義務或法律責任，秉誠心以知識、體能、勞力、經驗、技術、時間等貢獻社會，不以獲取報酬為目的，以提高公共事務效能及增進社會公益所為之各項輔助性服務。」自社會資本的角度觀察，志工為秉持貢獻付出的精神，不以酬勞為目的，從事增進公共利益事務的人，是透過特定關係實現的資產，不只團體內的成員受益，整個社會也得到好處。

回顧我國志願服務發展歷史，推行志願服務工作，始自一九五二年在農業推廣的「四健會」中，有「義務指導員」制度，即出現志願服務工作的雛型。志願服務開始倡導並逐漸成形，一九八二年起，臺灣省政府，先後訂定「推行志願服務實施原則」及「加強推行志願服務實施方案」，以加強民間資源的整合與運用，作為賡續推展志願服務工作之依據。

表4-1：我國志願服務的歷程

階段	時期	內容
醞釀期	民國二十年至六十年	民二十年制定「國民義務勞動服務法」，鼓勵參與社會建設。 民四十一年農業推廣體系－義務指導員。 民四十一年救國團－義務幹部。 民五十二年警政部門－義勇消防隊。 民五十四年社區發展工作。 民五十九年地方法院聘榮譽觀護人。 民六十年中國國民黨之民眾服務站。

階段	時期	內容
萌芽期	民國七十年至八十年	民七十年訂定相關法規，使志願服務進入有系統的工作階段。 民七十一年臺北市志願服務協會成立。 民七十三年創設「金駝獎」。 民七十八年內政部訂定志願服務紀錄證登錄，使志工服務時數得以登錄，作為獎勵表揚之依據。 民八十年創辦「志願服務獎章」、「志工學苑」、「志願服務團隊組織準則」、「志工守則」。
成長期	民國八十年至九十年	民八十二年訂「臺北市政府推展志願服務實施要點」。 民八十四年內政部定「祥和計畫」，逐步擴大推廣。 民八十五年訂「行政院暨所屬各機關實施志願服務要點」，爭取權益的志願服務團體成立。
發展期	民國九十年迄今	民九十年制定「志願服務法」。潮流所趨，志願服務在全球普遍成為公民參與和實踐公民責任的新策略，在校園中，結合社區服務和學習目標的服務學習方案，也開始推展。

（資料來源：作者整理）

志願服務成為今日社會重要機能，志工成為重要的人力資源。讓高齡者能投入志願服務，以社會資本的思維看待高齡社會，讓老化不是負擔，以發揮其專長，因而獲得歸屬感的滿足，彰顯其生命價值，體悟存在的價值，持續發揮其智慧和專長影響社會。因此，應對高齡趨勢，實有必要持續引導高齡者加入志願服務的行列，從而彰顯退休人力運用的價值，以滿足自我實現需求，追求人生的真、善、美境界。

把社會資本的概念聯結到公民社會中，公民組織是一個民主國家中社會資本的骨幹，對社會的凝聚力非常重要，也對社會發展有很大的影響。志願服務是助人工作，目的就在於提升當事人的福祉，以達到其滿足適應、表現、貢獻、影響等需要，覺得生活有樂趣，人生有意義的作用，不僅對個人進一步獲得他人的接納和尊崇，延續其智慧與經驗的傳承，有助社會的發展。高齡者參與志願服務的動機有：

表4-2：高齡者參與志願服務的動機

項目	內容
利己動機	社會常把高齡者貼上無生產、消費者的負面標籤，使高齡者對於自己的年歲大感到自卑和失落。高齡者在參與志願服務，不僅證明自己仍是有能力，從服務工作中得到樂趣，內心產生尊重，需求得到滿足，進而得到他人的尊重，將更有助於高齡者成功老化。
交流動機	人具有歸屬感需要人際互動交流，志願服務的成員，有共同的語言、相近的年齡及身心發展，透過高齡者團體的彼此互動及學習，填補心靈上的空虛和孤獨，久而久之便能夠形成另一個新的支持網絡，增加人際間互動、填補生活空虛。彼此間的情誼為社區服務的基石，會使參與服務時間更持久。
利他動機	助人為快樂之本，志工沒有收取任何報酬，以自由意志付出從事福利及社會發展等方面的工作，藉由參與活動追求更高層次的需求，獲得愛與隸屬、自尊或自我實現，並增進他人福祉。助人活動付出者雖然不指望回報，可是卻期望被接受，利他做為能形適當的認同（recognition），順利達成雙贏。

（資料來源：作者整理）

隨著時代變遷和醫療技術的進步，國民平均壽命延長以及少子化的問題，使高齡者占總人口的比率越來越高，再加上近年來整個社會的生活習慣的轉變，讓大家越來越注視到高齡化社會所要面對的一些新興議題。不論從人力資源運用、老人福利服務或老年生涯規劃觀點，均可瞭解高齡者參與志願服務之意義，讓大多數的健康老人肯定他們的生存價值外，進而用「賦權增能（Empowerment）」的概念，激發本身的力量，使其能根據自己的想法和意念採取行動，提高掌控自己生活和命運的程度，甚至成為有「社會產能」的人口，以發揮「積極老年」的真正意涵。

老化程度是影響老人階段生活品質的主要關鍵，唯有成功老化才能確保良好的生活品質。人口結構改變以及環境變動下人力資源的運用與就業力已成為未來面臨之重要議題，無論是從產業結構快速改變，還是人口逐漸老化下，加上出生率每年逐漸下降等多方面的因素，未來勞動力市場的需求改變，社會如何在人力資源運用上發揮功效。志願服務是一門專業，除了具備專業的知能之外，專業倫理更是其中的關鍵，志願工作的目的就在於提升當事人的福祉，志願服務是一個助人工作，透過有產值的概念，激勵與強化了服務的動機，使單位正視志工的價值，給與尊重與專業的訓練，以強化志工的社會參與。

由於人類壽命的延長已是必然的發展趨勢，如何讓高齡者活得久又能活得好，乃是各界極需關切之議題。鼓勵退休之人士及銀髮長者加入志願服務行列，發揮利他服務，以提供在地化的服務，發展老有所用的價值理念。利他作為不是以個人利益作為確定善的標準，而是強調他人利益，頌揚為他人做出服務奉獻的精神。社會應該鼓勵高齡者踴躍投入社區參與活動，透過教育，重視高齡者良好生活品質，並培養退休後社會參與的知能，如此一來，亦能夠協助高齡活躍老化與延長其壽命。依聯合國教科文組織的報告指出，高齡者參加越多的學習活動，越能融入社區的生活，對健康與安寧有極大幫助。

貳、高齡志願服務發展的借鑑

志願服務是針對人類社會關懷的付出，其目的在增進社會的福祉，進入公民社會後，志願服務強調是公民的責任，以增進全體、全社區人類的福祉。具備有「人力資本（human capital）」、「社會資本」、「文化資本（culture capital）」等特質。當全球人口結構朝高齡趨勢，這個現象對整個社會發展的影響既深且廣，將改變我們生活的世界。由於平均壽命提高，醫學發達及資訊流通的結果，多數老人不僅身體健康且仍對社會參與有期待，但許多老人面臨數十年的無角色或社會角色喪失的恐懼。從福利政策的觀點來看，「預防保健」、「生活支持」、「休閒養身」，以及「志願服務」等，皆屬高齡社會的重要作為。透過志願服務提供教育、賦予知能，增進自信心與尊榮感，強化其自我價值，進而運用其經驗智慧為社會服務。

為達到高齡者的活躍老化的目標，社會必須將焦點關注於高齡者在老化過程中的身體、心理及社會等層面，在身體健康的情形下，維持心理功能的正常運作，且積極參與社會、維持良好的人際關係，將能夠促使高齡者從中獲得最大的身心益處。隨著社會發展朝向開放與多元，人際關係網絡趨向複雜，這種關係的建立已經成為社會重要資源。社會組成的基本要素包括社會、物質、人力資本等三方面，而社會資本更是促使物質資本和人力資本發揮作用的關鍵，倘能善用社會資本理念，有助於增進群體凝聚力、減少社會疏離、強化社區價值。老人所切身面臨的問題，包括：經濟安全、醫療保健、老人住宅、教育休閒和退休問題（如失去身份地位、退休收入減少、人生價值下降等）。檢視高齡者的照顧分為直接的身體照顧、心理照顧、家事照顧與間接的社會關懷、問候，各項照顧詳述如下：

表4-3：高齡者社區照顧的需求

項目	內容
身體的照顧	此類受照顧者大都為行動不便臥病在床的老人或身心障礙者，即協助被照顧者的日常生活，如餵飯、洗碗、清理大小便及翻身、拍背等。最需付出時間與耐心，所以照顧者的壓力大、負擔大，若無適當支持與鼓勵，照顧者極易折損、流失。
生活的照顧	社區獨居老人或身心障礙者，面對生活的零零種種，看似瑣碎，卻很重要，如果無人協助，其生活即產生不便與困擾，如陪同外出、就醫、協助打掃或代為購物、書寫信件、繳納稅單或各種費用等，這些事務性的工作，如老人因行動不便，未及時處理，往往帶來生活的困擾。
心理的照顧	老人多半較少和社會接觸，人際關係被動，照顧者提供心理支持與情緒紓解，可以減少社會的疏離與冷漠，讓老人覺得社會仍有溫情的感受，志願服務對於高齡者的意義在於追求心理需求的滿足。
家事的照顧	居家的清潔衛生影響健康及生活品質，老人生活因體能未及青壯時期，家庭環境因無法及時清理，以致雜物堆陳，益顯髒亂。如有家事人員協助，將可帶來許多方便。
社會的關懷	關懷服務，如一句問候、一個微笑、一聲祝福，或為這些被照顧者申請福利等。人雖然年紀越大，性格越趨向兩極化，但事實上不論哪一類型性格的老人，其所表現的都只是一個共同心願，就是希望獲得親友、鄰居的關懷及社會的溫暖與尊重。

（資料來源：作者整理）

俗話說：「施比受更有福」，高齡者若能定期擔任志工，常幫助他人，付出一己之力，服務大眾，亦即多從事利他行為，此舉有助健康福址的維護，自己真的能從中獲得好處。合群互助的社會生活是人類在自然界的生存競爭中得以成功的因素之一，也是重要的因素之一。高齡者接受志願服務的主要目的，在於促進身心健康、延緩老化、節省國家醫療資源和愉悅地過晚年生活。在《美國預防醫學期刊》（American Journal of Preventive Medicine）的報告，透過科學實證，答案是肯定的，高齡者擔任志工不僅對社會有所貢獻，也能擴展社交圈，學習到新的知能，延緩身心退化，讓生活更為充實，實在是一舉多得。在我國「志願服務法」中便強調：民眾出於自由意志，非基於個人義務或法律責任，秉誠心以知識、體能、勞力、經驗、技術、時間等貢獻社會，不以獲取報酬為目的，以提高公共事務效能及增進社會公益所為之各項輔助性服務。

志願服務指的是個人出於自由意志，運用一己的知識、體能、勞力、經驗、技術、時間等來貢獻社會，且不以獲取報酬為目的，對社會提出有益的志願服務的人。利他精神是基於個體內生的道德約束力，是極具生命力的人性展現，是超脫對個人利益的高尚追求，是超越功利的價值志向，表現為一種淨化人性的道德傾向，體現為毫不利己、專門利人的優秀品質，心存善念、樂於為善的高尚品德，心繫他人、勇於擔當的責任品格。志願服務是不求回報的付出，且是出於個人自願的，方式則不限於個人、團體或組織。志願服務工作的種類繁多，有的是應用專業知識，有的只需運用社會經驗，更多的志願服務工作，只需要有愛心體力與時間，就能貢獻心力。根據馬斯洛的需求層次理論，人類具有五種需求，機構可在服務過程中滿足志工的五種需求，從而提升他們的動力。另外，在過程中，機構可以先了解志工對服務的期望，當志工的期望能夠實踐時，志工會有更大動力持續服務。在服務的過程中，能讓志工產生助人的快樂，也能體會到各種長者的實況有更深入的認識，也會比別人更加注重自己的健康。

高齡志工持續參與志願服務的動機是多重的，培養社區高齡者成為「退而不休、老有所為」的終身學習且擁有智慧、能力的老人。高齡者是各自有各自的需求和特質的一群人，不管是健康的、亞健康的、有慢性病、體弱的、失能者、失智者，或是有憂鬱者……不會只用「變老」、「變弱」來一言以蔽之；而且不管他們是處於什麼狀態和層面，都不是看「aging（老化）」，而是專注在「living（活著）」，而且是「living well（好好活著）」。

柯爾曼（J. Coleman）認為「社會資本」係由其功能所定，它不是單一本質，具有不同意義，包括兩個特徵：社會結構的某些面向，以及結構內激勵個人某些行動。在社會資本的倡議下高齡者志願服務，一方面導引能自動自發的從事社區服務，展現高齡人力的能量，另方面營造永續經營的社區文化，由高齡者以豐富的經驗、知能、技術貢獻社區居民，全面提升社區人力資源與素質，使之成為「做事有品質、生活有品味、行為有品德」的三品特質的居民。高齡參與者服務的因素可歸納為：

表4-4：促成高齡者參與志願服務的因素

項目	內容
個人因素	以利他性為參與動機，從事志願服務是以助人為目的，為社會盡力，滿足愛與隸屬需求，希望與人交往且被人接受；藉此獲得內在滿足，進而促使參與態度積極、服務投入情形提高。

項目	內容
人際因素	高齡者參與服務後，他們的人際關係更熱絡，在社區遇見了會打聲招呼，藉此結識了許多朋友，他們變得年輕有活力，喜歡和「老」朋友互動也學習到更多新知識。
工作因素	明確具體的工作規定，體認工作的重要性、價值性及有效性，可替機構盡力分勞、滿足其服務價值，工作被肯定以及能獲得成功的證據，能持續參與志願服務工作。
機構因素	機構有開放和諧的氣氛，協助成功適應服務環境，良好志工福利制度和獎賞制度等，能吸引志工持續參與，達成組織工作的目標、使命與願景。
環境因素	隨著現代家庭與社區結構的改變，人際關係漸漸淡化，社會網絡就像是一張安全網，需要透過人與人的連結、互信與互助，網住社區中需要幫助的人，讓他們有相互關懷彼此扶持的能力，進而累積社會資本的信任關係。

（資料來源：作者整理）

行為科學有所謂的「社會鍵理論」：人有依附關係，不管是家庭、學校、信仰或是參與團體活動都好，心情與生活才會穩定。鼓勵高齡者擔任志工，是一種健康促進。老人若缺乏社會參與，容易罹患疾病。參與志願服務，不只對社會有貢獻，也能延緩自身的退化，讓生活更為充實。同時，志工有充分的社會經驗，人面夠廣，能夠連結社會資源。此外，志工也有更多機會學習專業知識，例如聽取衛教新知、學會照顧老人的技巧等，助人的同時，也是幫助自己。更重要的是，擔任志工，也有更多機會建立個人的社會支持網絡。

日常生活的社會網絡是由許多強弱不等的社會聯繫所組合而成的集合。這些網絡集合的結構特質與功能便成為社會資本理論的關鍵要素。社會資本指涉的是人們可以運用來解決共同問題的社會信任、規範，社區成員得以產生互動並連結在一起，解決共同問題，達成永續性的目的。隨著高齡者人口越來越多，在志願服務的場域中也越來越重視高齡者的志工參與，對於這些志工本身而言，可以接觸各種人、事和物，不因為退休而讓自己的生活和社會脫節，也藉此拓展自己的人際關係和社會網絡。

對社區而言，社會資本藉由參與正式和非正式的制度和機制，具有促進資訊分享、社群互動，以及減少疏離等功能。再者高齡者透過擔任志工發揮自己的才能，進而得到對於自己的肯定和歸屬感，同時針對志工的培訓，提供服務領域相關課程的學習。由於社會資本在社會結構中，由成員的價值觀、信任、情感與規範所建立的關係網路，這種社會網路有利於增進社會凝聚力，並策進永續發展。志願服務具有利他主義的精神，強調給別人帶來利益的行為，卻不預期會有外在的報償，是一種實踐為他人謀福利的精神。

參、高齡志願服務推動的作為

面對高齡社會帶來的種種機會和挑戰，這不只是政府的事，也不只是社福組織或衛生單位的事，更不是企業的事，而是大家的事，因為我們都會老。在英國的社區照顧服務亦運用退休人力提供各項社區服務，如社會福利、醫療、環保、文化服務等，提供退休後的學習機會，形成社會的新人力資源；法國亦設立「第三年齡大學」，提供老人教育機會，除協助老人身心發展和社會參與外，更針對高齡人力資源做前瞻性的規劃。強調志願服務人力的發展趨勢，對社區發展，是從消極的管制，走向積極開發，從靜態的人力規劃，走向動態的人力調配、運用，以追求永續經營社區的理想。

從「逐步老化」到「好好活著」，要從現有的體系中，重新建構出新的價值和方法以因應這樣的思維轉變，為高齡社會找出新方向，提供前瞻思維與借鏡。在醫學科技進步與養生觀念興起，許多高齡者仍然身體硬朗、充滿朝氣而有活力。高齡者工作經驗與人生的閱歷豐富，正是最寶貴的人力資源，應是我國社會豐沛的人力資產，這正是人類成就的指標，亟待我們努力發掘。組織社區高齡者志工團，建立高齡者人力銀行，都是推展高齡者志願服務的良好策略。社會資本具有結構的（structural）和認知的（cognitive）。結構的社會資本，包括既定的角色、社會網絡和制度、規章等；認知的社會資本，則指成員間共享的規範、價值、信任、態度和信念等。因此高齡者志願服務的推展，需有系統性的作為，俾利推動高齡志工方案。

表4-5：高齡志願服務的推動

項目	內容
方案規劃	訂定高齡志工隊計畫，辦理相關課程協助志願服務運用單位規劃高齡志工服務方案。傾聽志工的想法，於情感上給予更多支持，於服務項目上，能針對高齡志工身心狀況，予以工作調整或服務項目再設計，透過循序漸進的引導。
教育訓練	充實高齡志願服務人員專業知能與品質，依高齡志工需求及針對高齡者願意參與教育，辦理教育訓練。將服務的流程分成數個步驟，一步一步教導高齡志工，降低他們可能因為無法一步到位，衍生挫折感進而萌生自我否定、退出服務行列的想法。
福利措施	鼓勵運用單位於衡量高齡志工服務內容，透過繼續教育與志工活動，辦理高齡志工意外保險補助、志工表揚、觀摩等，以激勵志工並保障志工的權益與安全。

項目	內容	
行動方案	服務社區長者	結合社區據點服務提供服務連結社區資源，如社區關懷據點服務、日托照顧服務等，鼓勵高齡志工參與社區，走出家戶服務，使初老服務老老。
	發揮個人專長	透過技藝專長傳承提供服務使高齡志工分享個人服務經驗與特殊專長，如社區據點或圖書館講座分享、高齡志工說故事、高齡志工達人書畫聯展、藝術創作等，增加社會參與，發揚傳承志願服務精神。
	關懷獨居老人	媒合企業、學校與高齡志工代間合作，提供服務鼓勵志工分享老化歷程中的經驗，引領進入社區關懷獨居長者或失能、失依長者，提供服務。
	協助健康保健	透過高齡志工以長者易懂的語言或文字，向長者做社會福利資源、健康保健資訊宣導，協助福利服務機構定期稽查無障礙空間，將缺失提報機構或政府改善。

（資料來源：作者整理）

高齡者參與志願服務活動的收穫，除了促進自我價值外，也能將其生命經驗傳承，高齡者認將此過程視為一種奉獻與提升。一九八二年於奧地利維也納舉辦的「高齡問題世界大會」訂定了「國際老化行動計畫」作為老人人權的重要意涵，其後聯合國公布一連串與老人相關的政策，並在一九九九年定為「國際老人年」，其中有三項具體目標與高齡者參與志願服務相關：

第一、提供長者生命歷程的教育機會。

第二、協助認識及促進老人社會貢獻。

第三、鼓勵老人參與家庭與社區生活。

Levin（1997）認為志願服務是指那些沒有報酬，自由奉獻志願服務組織的人們，從事各種類型的社會福利活動，包括家庭、兒童福利、教育、心理衛生、休閒育樂、社區發展及住宅與都市更新。高齡者透過擔任志工，發揮專業才能及生命經驗積極參與並貢獻社會，有效促進身心健康及生活品質，不以酬勞為目的，增進公共利益事務，實是國家社會莫大的福祉。

老年期發展任務的重點，包括：1.適應退休與收入的減少；2.適應健康和體力的衰退；3.與自己的年齡群建立親近的關係；4.適應配偶的死亡；5.負起社會和公民的責任；6.建立滿意的生活安排，考慮自己的經濟和家庭狀況，重新安排居住環境。對於老年人的照顧，不能僅思考身體的層面而已，更應該要兼顧到心理的層面，如何做好「身」「心」的保健，這是老年生涯中最重要、也是最根本的一項。促進老年人的心理健康，可透鼓勵老年人參與社會活動。

面臨高齡化的衝擊，為謀解決之道，固有賴公權力的有效伸張，惟如民間力量能夠廣為協助配合，相輔相成，以達「人人安身立命，家家安居樂業」的效果。因此，如何激發熱心社會公益，秉持「助人為樂、服務為榮」之精神，踴躍參與志願服務行列，將服務視為自我成就與其人生意義和價值的重要因素，並努力朝向志願服務的發展方向，如：

表4-6：志願服務發展方向

項目	內容
從慈善愛心擴大到全民參與	參與志願服務者有超過一半以上的人是做好事、積陰德。由於政府力量有限，民間資源無窮；妥切運用志願服務組織的龐大力量，是公私部門攜手共進創造民眾福祉的極佳途徑。
從犧牲奉獻走向自我的成長	高齡者參與志願服務可以獲得心靈滿足與精神快樂，對個人能力與知識經驗成長有幫助，同時有助於彰顯晚年生活的意義與價值，進而可以協助其邁向成功老化。

項目	內容
從免費奉獻走向資源的效益	組織要投資時間、金錢來甄選、訓練和獎勵志工。如果要維持志工強大的、有好品質的服務，就要認識和願意做這種投資，使志願服務的力量發揮最大的效用。
從政府參與擴大到民間自主	志願服務推動上，以整合規劃、研究協調及開拓社會資源創新社會服務，遵循志願服務法規，確實辦理志願服務，避免淪為保護特定利益之工具。
從零散的擴大到有組織性的	藉由辦理推動高齡志工服務方案，成立高齡志工服務團隊，開發多元高齡訓練教材及訓練型態，加強宣導及透過多元行銷，促進高齡者參與及推動志工人力銀行等方式，能有效提供高齡者參與社會互動與再貢獻社會的機會。
從熱心利他進而向品質績效	公民結社創造穩定的社會規範，這除了具備專業的知能之外，專業倫理更是其中的關鍵，志願服務的專業人員除了對專業倫理的涵義與重要性要有所了解之外，更要能知行合一，在專業行為中實踐倫理的信念，表現合乎倫理的行為。
從完全付出進而向權利義務	參與志願服務運用所提供之教育訓練，妥善使用志工服務，應尊重受服務者之權力，保守秘密，拒絕向受服務者收取報酬，以及妥善保管志願服務運用單位所提供之可利用資源。
非專業化朝向專業管理制度	志願服務的特性，不僅是慈善、補充政府之不足，同時具有更多元、更深入、更細緻的社會復能功能。是以，經由志工導向訓練、在職訓練、督導、評估和獎賞志工，走向制度化，專業化和合理化，以提升服務品質和效率。
從國內服務擴大到國際交流	因應全球化趨勢和擴大國際交流，推動志願服務與國際交流活動，轉變為發展整個社區，帶動公民社會的建設及整體的社會發展的功能。

（資料來源：作者整理）

志願服務已普遍成為公民參與和實踐公民責任的新策略。高齡者就業或志願服務不但是一個個人的選擇，也是國家社會及產業繼續發展的重要人力資源策略。高齡者藉由服務鍛鍊身心健康，延緩老化，節省國家醫療資源，愉悅地過晚年生活，有能力的老人擔當志工繼續貢獻社會，以生活主軸，以獲得自我成長、自我實現與社會肯定的滿足。Holmes（2009）所指機構應有好的獎勵措施，可滿足高齡志工的動機並增強及延長其服務年限。此外，志願服務是「取」與「捨」的互惠活動，在精神層面上的支持以及效率效果方面的呈現都很重要。鼓勵社會大眾從事志願服務，實施全民志工，建立「志工社會」，正是現代社會發展的目標。

肆、高齡志願服務的推展實例

臺灣近年來的老化速度已超過法國、瑞典等高齡化國家。衛福部統計顯示，到了二〇二五年，臺灣六十五歲老年人口將達四百七十三萬人，占總人口百分之二十，進入超高齡社會。

世界衛生組織（WHO）則在二〇〇二年提出「活躍老化」政策架構，主張從健康、參與以及安全三大面向，提升高齡者之生活品質，並為先進國家所運用。志願服務已成為全球化發展的世界潮流，它因應社會變遷，滿足民眾需求，強化社會關係，促進社會和諧與發展。

一、社會建設

臺灣自一九六〇年代開始推動的社區發展（community development）工作，其概念主要來自聯合國，例如和平工作團（Peace Corps）等計畫，透過國際發展署（AID）提供資金以及技術援助，目的在於是種多面向（multiple approachs）的工作方法，社區被當作是一個實務場域，有其所能發揮的社會功能，亦有其多面向的需求，為了滿足不同民眾的需求。

彰化二水家政中心隸屬於實踐大學，設置迄今接近五十年，源於實踐大學創辦人　謝東閔先生，於擔任臺灣省政府主席，為推動「小康計畫」，以使臺灣邁向現代化的歷程，求公深身受中化文化薰陶，該計畫的成就係依據，禮記禮運大同篇精神，期盼經由建設小康社會，邁向大同世界，該項人類追求的理想願景，係經由大學八目中「格、致、誠、正、修、齊、治、平」。

家庭既為我國社會的根本基石，而齊家的的核心厥為媽媽，因此積極建設媽媽教室，推展家政教育，並於全國各社區推動「媽媽教室」的建設，為期建設之需，遂將原故居成立家政中心，成為示範中心，以期推展至全省各鄉村聚落，成就我國社會建設的翹楚。歷經半世紀，隨諸社會型態的變遷，在人口結構高齡趨勢日益明顯之際，家政中心進而結合實踐大學、彰化醫院、敏惠醫專，共同倡議「社區長照示範中心」，推展：長青學苑、保健講座、健康加油站等創新性建設，於既有基礎下，借鑒學理及先進國家實務經驗，爰提出「社區健康促進志願服務隊伍」的建設，以自利利他，落實「多用保健，少用健保」，「人人平安，家家安康」的目標。

二、勇於創新

隨醫療完善與科技的進步，老年人口的增加雖然是一種更健康與醫療進步的表徵，但同時也會對政治、經濟及社會帶來挑戰。人口老化是世界各國共同面臨的變遷經驗，高齡化社會的來臨，人口結構的改變勢必對經濟及社會福利制度產生衝擊，並面臨新的社會問題。

二〇一七年，世界衛生組織發表《高齡者整合照護》，延續健康老化觀點，清楚地提出執行方針，由早期的長壽轉移到不失能與不失智的健康老化，健康老化跳脫個別疾病觀點，以老化的活動能力作為健康主軸，因此，慢性病管理的長期目標，是老後的生活功能。要有效降低國民的失能與失智，需要做預防保健與醫療體系的改革，必須透過整合照護來運作的核心理念。

高齡社會如何運用社會資本觀點以發展老人人力資源，是達成活躍老化的重要途徑，志工為秉持貢獻付出的精神，不以酬勞為目的，從事增進公共利益事務的人，高齡者從事志願服務活動，不但可以促進其健康狀態，也可提升其自尊感及促進其健康維護，是建構高齡社會的重要資源之所在。

三、敢於實踐

各國的老化速度與經驗不盡相同，相較於歐美國家有五十至一〇〇年的時間因應準備，我國由高齡化社會邁入高齡社會僅約二十四年左右；再者，由高齡社會轉變為超高齡社會更縮短為七年，顯示我國人口老化的歷程將愈來愈快，預作準備的時間十分有限。

全球人口結構老化，各國都正在面臨不同程度人口老化的挑戰。面對人口老化浪潮，傳統社會福利結構面臨的挑戰，無論在政策規劃、方案推展、人力充實、品質提升、服務整合面等，皆需要社會支持體系具備更多彈性創意的能量，由政府與民間共同合作，思考多元跨域之老人社區整合多元照顧與服務創新模式，方能予以因應。高齡志工應致力於維護社會公益，力求發揮一己力量，讓社會更和諧有愛。藉由發揮自己之餘力，以彌補社會之不足。

四、志願服務

高齡社會所衍生的問題已經深切影響國內社會結構並將牽動經濟發展的脈動。高齡社會帶來的不僅是人口結構的變遷，更會改變人們未來的生活模式。鼓勵社會大眾從事志願服務，實施全民志工，建立「志工社會」，是現代社會發展的目標。

積極推動長者志願服務及社會參與，讓老人對於社會真正做到退而不休，繼續貢獻己力的精神。鼓勵老人社會參與不僅提供老人活動及發揮的空間、消磨空閒的時間，更增加社會上可茲利用的人力資源，讓老人不再是刻板印象中的依賴人口及社會的負擔。

二水家政中心與敏惠醫專多年來攜手合作，在中華民國社區發展協會的指導下，眾志成城建構「青銀共學」，不僅引導青年學子積極參與長者照顧活動，同時青年學生亦發揮務實致用，引導長輩進行「口腔咀嚼吞嚥暨保健活動」，在長輩「一日學堂」的活動中，青年與長輩發揮傳承與創新，貢獻所學，互補所長，一起成長，根據研究及實作顯示，老少一起共學或活動，透過世代的交流與共融，不僅可以提升學習效果以及對生活的熱情，對於跨世代的認知與溝通也有很大的助益。

並且建構長者志願服務團隊，將口腔保健的專業知能帶進二水鄉各社區，使得長輩在健康保健能與時俱進，不單單能以所知所能啟迪彼此，藉由新知所能貢獻於所居社區，推展「健康長輩照顧亞健康及不健康的長輩」，發揮社區民眾相互扶持，在照護人力明顯不足的現況中善盡人力資源，展現長者「自利利他，推己及人」的優質社會風氣。

五、健康人生

臺灣社會由於老化速度過快、壽命明顯增加、家庭養老功能弱化、現有老年經濟安全保障不足，因此亟需借鏡各國應對人口老化的治理經驗，針對高齡社會政策進行全面性整合規劃。打破過往對長者的負面、消極的刻板印象，因為人在走過歲月的風霜後，凝聚出的許多智慧結晶，值得成為年輕人的榜樣或借鏡，因此，「一日學堂」，「社區健康促進志願服務隊伍」的建設，在行動時不會想到由助人而得到任何報償，其中含著大量的道德成分，並可改善老人的生活品質。是將「弱勢」的老人轉化為「積極能動性」的資源。

高齡者在參與志願服務過程中，建立新的人際關係，增進老年人的社會歸屬，自我價值與自尊心，除了可對社會有所貢獻之外，從利己的角度而言，志願服務工作可促進人際間的互動、增加自我肯定，以及自我的成長。在高齡化社會中，不但要使高齡者能享受快樂生活，還要想如何活用他們長年的知識、經驗與技術來貢獻社會，讓他們感受生命的可貴，過著健康活力充滿的生活。

同時，於推動「社區健康促進志願服務隊伍」的建設，正是長者實踐：應付需求、表現需求、貢獻需求、影響需求、超越的需求等五種人生的需求，以促使長者自我實現，改善生活的品質。藉由教育宣導或世代交流等機制，進而營造無年齡歧視、對老人親善之世代融合社會，使老人得享有活力尊嚴獨立自主之老人生活。並透過多元角度介入，促進人們具備積極、有效的能力以維護及自主管理健康，鼓勵個人依能力、偏好及需求，參與社區生活及家庭生活等教育學習，營造無年齡歧視、對老人親善之世代融合社會。

結語

志願工作是一種發自內心，出自個人意願結合而成的服務，發揮長者的社會參與的實施，敏惠醫專結合中華民國社區發展協會積極倡議，善盡學校教育的社會責任，將「醫療、安養、教育」三者合一，成為社區長期照顧的軸心，將學習的資源挹注社區長輩，讓長者在「青銀共學」裡「健康促進，安身立命」。

「志願服務」是社會溫暖、友善的重要力量，公民透過積極參與社會的運作，以志願服務的模式相互合作，累積「善」的動能，驅動社會持續朝著提供更完善、更全面的方向，創造祥和社群－「人人安身立命，家家安居樂業，社會國泰民安」為願景。

第五章　高齡志願服務的國際借鑑

前言

志工制度的確立可追溯至二次大戰後福利主義抬頭，但志工本身的存在則自古以來已經存在，古時候的施粥、義田、義學、贈醫施藥，可被視為志工的雛型。志願服務為：一群人本著服務的熱忱及個人的志願，不取報酬地付出時間、財物、勞力和知能，協助別人解決困難。

臺灣即將邁入高齡社會，亟需借鏡各國應對人口老化的治理經驗以進行策略規劃。高齡者投入社區志願服務，不僅可藉由助人的過程，增加其價值感，更可以對志願服務注入一股自助互助的力量，帶動志願服務的風潮，落實福利服務社區化的理想，讓志願服務紮根社區，使自助互助的福利模式在社會永續經營。

壹、歐盟的高齡志願服務

歐盟人力需求發展和職業結構大幅改變，歐盟人口自二〇一〇年開始逐漸減少，預估至二〇六〇年，六十五歲以上人口達到高峰，佔歐盟總人口比例百分之三十（約六千萬），同一時間，青壯年就業年齡人口數將驟減五千萬。歐洲國家在應對高齡化問題時，主要是透過教育政策，包括教育體系以及各項教育補助，從小灌輸終身學習的精神，進而形成學習型組織。它提供了重要的學習機會，期待歐洲公民透過擔任志工的經驗與參與中，能夠獲得新的技能以增加就業能力，在此歐盟經濟尋求更新發展、面對挑戰的時期，對歐盟國家志願服務的效益及作用與影響力的理解，尤顯得重要，藉此加強高齡工作者的工作技能，使其能維持工作競爭力（OECD，2012）。

歐盟將二〇一一年為「志願服務年（European Year of Volunteering）」，大力倡行志願服務，並將之與歐盟整合及國家發展相結合。提出相對應的新政策行動，這些新政策行動架構乃部分回應當前經濟全球化時代中的經濟困境，而將志願服務與成人教育、職業訓練相結合，歐盟國家的新政策的確賦予志願服務新的時代及社會意義。歐盟就促進志願服務政策提出四原則，（ECAEA，2010）：

1. 在國家立法的過程中確保志願服務活動的自主參與特性；
2. 促進各國推動志願服務認證；
3. 應防止國民因健康照護或福利服務，而無法自由流動以致形成志願服務參與障礙；
4. 採取行動確保志願服務不會成為變相的就業或不當的人力替代。

歐盟將二〇一一年訂為「歐洲志願服務年」，共同推動歐盟會員國九千餘萬名志工活動。志願服務是歐盟會員國國民積極參與公民事務的表現，有助於增強團結或社會融合的歐洲價值。志願服務被置於終身學習、社會整合的目標中，是與「學習的歐洲

表5-1：歐盟主要國家推動高齡志願服務

類別	內容
德國	1. 中高齡員工領取部分退休金，仍從事部分時間工作或壓力較輕工作。 2. 調整工作環境如：工作檯高度、提供放大鏡、放大電腦螢幕字體、更改軟性地板、工作鞋、提供理髮廳用的較舒適座椅。 3. 企業應更看重資深員工，以避免退休金沈重負擔，高齡化的勞動力減少。 4. 各地推動的地域經營，工作重點為強化鄰里人際網絡，從第一線減少高齡化引發的各種個人風險，透過鄰里的資訊傳達與人力善用，降低老年人的生活成本。
挪威	1. 依獨立自主的理念，鼓勵老人「活到老，做到老」，維持活絡的社交活動，維持個人身心健康。 2. 六十到六十四歲的老人當中，當歐盟國家平均只有三成，其就業率仍高達六成。 3. 六十七歲以上的老年人則仍有三成以上寧可從事時薪工作，也不願鎮日領取退休金而賦閒在家。 4. 老人過得非常努力，不少老人直到七十五歲，才開始領取人生第一筆退休金。
荷蘭	為高齡工作者提供教育與培訓，希望能提升高齡工作者再教育的參與率，以減緩高齡化對勞動市場的衝擊。
芬蘭	1. 成立高齡者志工組織，彼此信任，而且將服務加值，創造多贏。 2. 建立協談空間讓老人相互支持，促使獨居的老人得到精神上的慰藉。 3. 成立志工巡迴服務，到府協助家務、陪伴外出等服務。 4. 以明確的價值理念為基礎，提供老人諮詢，服務能與時俱進，回應老人的需要。
比利時	1. 增強財務誘因，激勵高齡工作者繼續工作。 2. 消除提前退休的文化，鼓勵高齡員工繼續待在職場工作。 3. 消除年齡歧視，提高老人的就業能力。 4. 依據高齡就業者的需求，進行工作條件改善。 5. 設立專業經驗認證課程，讓具有工作經驗的年長工作者擔任導師（mentor）。

（資料來源：作者整理）

（Learning Europe）」及終身學習策略的一環。

貳、英國的高齡志願服務

英國早於一九七五年進入高齡社會，在資源和經費緊縮的情況下，從人口結構的改變事實，藉著跨界協力，整合資源，對人力資源的重構具有新思維，從使用者角度出發，發展出各式服務方案，前端銜接預防保健、活力老化、減緩失能，促進長者健康福祉，提升老人生活品質；向後端提供多目標社區式支持服務，轉銜在宅臨終安寧照顧，減輕家屬照顧壓力，減少長照負擔，提供長者多元服務。以因應社會人口結構轉型的問題，同時關注品質的監測，為長者提供更好的服務。

「Age UK」是英國最著稱的高齡服務慈善單位，其前身是Age Concern以及Help the Aged，創立於二〇〇九年，該組織建構的願景是「服務長者可以享受老後的生活」，強調健康的改善和生活的獨立，每一項服務都是針對長輩的需求，無論是醫療、財稅、環境還是生活。由政府與民間共同合作，思考多元、跨域的老人社區整合多元照顧與服務創新模式，成為英國高齡照顧最大的機構。

一、服務的核心理念

Age UK服務的核心理念是以社區為中心，無論在政策規劃、方案推展、人力充實、品質提升、服務整合面等，透過小規模的試行，和非常具有針對性的資料蒐集與分析，先找出社區中需要幫助的亞健康長者，然後以每名長者為中心，透過Age UK工作人員和志工，串連他們的需要，包括醫療、社福和生活服務等方方面面，讓長者可以自己照顧自己為目標，來進行品質的提升。

二、整合的照顧服務

Age UK推動「整合性的照顧服務（integrated care service）」，目標涵蓋身、心、靈等方面的全人照顧。是針對資源減少、需求增加的前提下所提出的創新方案。希望透過實驗計畫，以實證方式，透過非醫療資源的介入，以提升長輩幸福感為目標，著重前期的預防來減輕後端醫療成本的支出。Age UK的志工在長者服務中扮演的價值，重新設計志工的培訓課程，賦予志工更多的意義和角色，提高志工站的量能，提供更好的復能計劃：諮詢、福利、財務規劃，成為長者服務的新動能。

三、以服務活力老化

Age UK的服務宗旨：是「熱愛晚年生活」，強調「提升幸福感」，並進行「個人化整合照顧服務」的目標。是以，需要社會支持體系具備更多彈性創意的能量，方能予以因應。檢視英國地方政府協會（The Local Government Association）認為孤獨被視為「重大健康問題」，嚴重影響老人的生活。爰此，鼓勵老人社會參與及提升其社會互動。推動參與志願服務，不僅「活力老化」的策進作為，也是裨益高齡者的生活品質。

四、獨立的協調人員

Age UK的推動，建構「照管師（Personal Integrated Care）」，

為連結相關服務的人，為社區整合照顧服務的核心，負責內外資源的整合與協調，PIC以強化長者的「生活支持」，「增加幸福感」為使命。與長者進行需求面談，瞭解聯繫長者探詢服務意願、瞭解長輩生活需求，協調、聯繫親屬、照護工作者與相關單位，協助長者與社區建立連結，確保提供的是長者需要的服務，有效開拓長照多元領域的人才利用，並進行媒合。

五、強調賦權和賦能

Age UK 整合照顧服務的精髓，在設定目標方面，通常介入手段是以非醫療為主，或醫療只是輔助，以「培力」和「復能（enable）」為理念，促使參與者自立照顧。重視的是不同資源間的串連和志工角色的導入，希望透過系統性改變，將醫療、社區照顧及志願性服務串連起來，提供長者較好的服務以社區為中心。

六、妥善的運用志工

Age UK成立了整合照顧服務部門，善用志工人力（befriending services），都是認同服務的價值並身體力行地執行，旨在這是從服務價值的傳遞是在服務的體系中可以開始著手的。成為服務與需求的連結點，引進訓練有素的「志工」成為整合服務的串連者，志工透過電話或拜訪陪伴長者，有效改善社區中許多獨居長者孤獨的問題，提高了使用者的滿意度。

在 Age UK，所傳遞的服務價值，是藉諮詢和服務提供以幫助高齡者，無論是為長者創造幸福感，還是建立整合服務的資源，提供長者充分的學習，創造人力資源，成為社會新生產力，是高齡社會的新契機。強調以友善的態度鼓勵面對正向的人生，讓當地的長者可以享受老後生活，其目標是希望把過去放在後端急性醫療的處置，提到前端的社區預防，而且是經由連結在地社會福利、衛生醫療和政府等機構來共同完成，幫助高齡者享受老後生活。

參、美國的高齡志願服務

老人生命品質，除了維持健康狀況，延遲許多生理疾病和心理障礙外，更重要的還包含獨立自主的持續社會參與及學習事物機會、就業、志願服務、教育和休閒活動等，對於多數生理機能較好的高齡者，志願服務的功能強化提升生理與生活品質，有效預防老化與促進生理健康，實屬成功老化重要的要件。

美國聯邦政府於一九七一年成立老人志願工作機構，名為Older American Volunteer Program（OAVP），大多數人是透過私人與當地服務組織的網路來尋找志願服務的機會，例如聯系鄰近的學校、醫院、老人中心、教堂、廟宇或猶太教堂以及各類民間慈善組織，老年人特別容易透過宗教組織參與志願服務。OAVP為將志願服務觀念轉變落實為行動，積極推動三種老人志願服務工作模式，包括：有酬的寄養祖父母計畫（FGP）、老年伴侶計畫（SCP）及無酬性的退休老人志願工作計畫（RSVP），使老年人本身、社區及整體社會都受益。茲將老人參與志願服務之相關措施簡述為：

表5-2：美國老人志願工作機構服務工作模式

類別	內容
寄養祖父母計畫（FGP）	由老人對兒童提供祖父母式的愛心，透過互動滿足兒童的心靈需要，亦可減輕父母的角色負擔。主要服務地點有醫院中的小兒科病房、弱能或智慧不足兒童教養機構、輔導中心、孤兒院、學校、日間托兒所……等等。
老年伴侶計畫（SCP）	為一些因身體有殘障不便離家外出的老人提供一個友情及談話的對象，以減輕他們的孤寂感。透過服務，重新鼓勵社區的老人，幫助案主尋求晚年生活的情趣。使一般老人都不用依賴機構式教養，而可以在社區中自立。
退休老人志願工作計畫（RSVP）	為無酬勞志願工作計畫，為從未參加過志願工作的老人而設，使參加的老人能在退休後的閒暇生活貢獻出時間，幫助需要幫助的機構及人們。參加的老人需受過志願服務的特別訓練，服務包括公園、動物園、警局、法庭、老人中心、政府機構等。

（資料來源：作者整理）

依據一九九〇年美國「國家與社區服務法案（National and Community Service Act）」認為適當的媒合志工與志願服務機會需要組織，及成為志工的民眾一起努力。服務學習應包括以下特性：1.與社區需求結合；2.服務與學習活動結合；3.對服務活動中所見所為，進行思考、討論與寫作，以達成真正學習；4.發展對他人關懷的能力，以促進自我的發展（Jennings，2001）。

美國麥克阿瑟基金會（The John D. &Catherine T. MacArthur Foundation）於二十世紀對成功老化進行一系列研究，得出的結論是：成功老化相關的六個因素，包括：生理健康、教育程度、收入保障、志工活動、人格特質及沒有精神症狀等。推動老年人志願服務是因為它不僅有利於社會、社區服務組織，老年人本身也受惠。強調老年人不是只有把年齡加到他們的生命，也要提升他們的生命品質。

美國勞工部（The United States Department of Labor）依據《美國老人法（Older Americans Act）》編列經費及所實施的「老人社區服務就業計畫（Senior Community Service Employment Program，SCSEP）」，將中高齡的低收入者、不易就業者等安排參加社區服務工作，一方面使這些人在經濟上能自給自足，一方面藉由計畫參與的過程協助其過渡至無需政府補助的就業僱用。該計畫係由勞工部透過補助的方式，由受補助單位提供社區服務工作與參與者，受補助單位包括各州政府、原住民機關、地區機關、公營與私營非營利機構等，甚至包括私營企業等。受補助單位所提供的工作內容主要為社會、衛生、福利與教育服務等面向，包括一般事務工作、廚師、日間照顧協助、家庭健康照顧、居家清理、保母、警衛、法律協助、稅務協助、財務諮詢、圖書館、娛樂、保存、維護與恢復自然資源、社區美化、抗污染與環境品質工作、改善氣候變遷工作、及經濟發展等。

美國的「志工管理協會（Association for Volunteer Administration）」結合了世界各地的專業志工管理人員，特別重視志工的興趣與技能、新的教育訓練方法、合作與結盟、重視服務品質與績效等議題。並不時提供志工管理的專業知識，將老人視為可以且的的確確為他人福祉做出貢獻者。期間透過服務學習不但可以學會新的知識、技能，成為社會良好的公民，也能積極的參與促進個人發展的活動。

美國退休人員協會（American Association of Retired Persons，AARP）成立於一九五八年，目的在促進美國高齡族群的福祉，有鑑於人們平均餘命延長。要改變人們對老的看法與態度，年長者可以是改變社會的力量，是中堅份子。近年開始向社會及企業倡議銀髮就業。因為「想工作、需要工作的年長者，都應該有選擇繼續工作的自由。」「年長者要有繼續工作的自由，不但能讓生命繼續活躍，財務也更有安全感」，所反應的是史丹福大學長壽中心認為，安老的條件包括心智敏銳、身體健康，及財務健全，並依此分為三大部門。透過「安可夥伴計劃（Encore fellow）」，協助即將退休的專業人士轉入非營利機構。

肆、日本的高齡志願服務

日本是老齡國度，面對高齡社會，對社會的挑戰是非常全面的，政府積極修訂相關條例，雖然人口老化程度嚴重，但是相較之下，卻能夠維持相當高的高齡勞動者勞動參與和就業率。為因應雙薪家庭照顧幼兒人力不足的問題，退休人力更提供社區幼兒的臨托服務，讓退休人力變成一個社區互助的人力資源網絡。並於「高齡社會大綱」歸納出針對高齡化社會所產生的主要議題，分別是：

表5-3：「高齡社會大綱」對高齡化社會所產生的主要議題

類別	內容
雇用就業	重視老年人力資源的運用，從老人就業、教育學習到志願服務，都積極促使老人參與社會，融入社會，並成為社會的生產人口和服務資源。
老人福祉	重視「自助、共助、公助」的多重性社會福利系統建構，透過個人自立性的互相支援、活動，以提升細緻的公共服務品質。

類別	內容
生命意義	培養高齡者對生命意義的探索能力，以生命回顧為架構，透過高齡者對過往生命事件的敘述與經驗的抒發，試圖呈現. 其生命的韌度與張力，並重塑其人生的意義與價值，更可以透過故事建構自我、培養其人際關係，以及文化學習等。
生活品質	政府對老人人力資源的運用與推動方式，乃配合民間事業團體，協助退休老人的生涯發展，例如訓練退休者成為居家服務員，直接成為社區服務的人力資源，提供社區服務。

（資料來源：作者整理）

高齡化浪潮下，如果社會無法在第一線幫忙照顧老人、阻止問題蔓生，蓋再多醫院與安養院也不夠，只會讓公部門、醫療照護人員、家屬越來越疲於奔命。因此及早的整體準備、政策規劃與實務因應，相對具備較高經濟效益。同時善於運用高齡者的人力資源。是以，一九九五年通過「高齡社會對策基本法」，並成立「高齡化社會對策會議」，由首相擔任召集人，推動高齡化對策與相關研究調查，訂定高齡社會願景與基本方向，主要包括以下五類面向「就業與所得」、「健康與福祉」、「學習與社會參與」、「生活環境」、「調查研究與全民參與」。積極結合地方、民間機構、企業等資源，並從各個面向全面推動高齡化社會的因應對策，提供多元化、在地化的高齡照顧服務，期望能建構一個讓每位國民一生安居樂業，並且創造無限生命價值的社會。

日本的志工活動主要興起於一九九〇年代，最早從《社會福祉事業法》修正開始，將志工定義為從事自發性的活動、自由且具合理性以及對社會開放。在一九九四年「高齡社會福祉願景懇談會一論述二十一世紀的福利願景」，為實現自助以及互助的精神，使非營利組織以及志工服務活動更加受到矚目。促進志工活動的蓬勃發展，即引起日本政府對於民間力量的重視，並制定相關可促進市民活動的《特定非營利活動促進法》等相關法案，並將一九九五年設定為「志工元年」，提出志工活動的必要性，並提倡社會教育以及社會福利整合的必要性。清楚界定高齡化社會對策之基本方向，並從各個面向，全面性地推動高齡化社會的因應對策。以此為契機，志工和政府之間的關係從上下關係轉變為對等且合作的關係，而奠定並發揮夥伴關係，增進志工活動的多元化。

二〇〇一年日本政府擬訂《高齡社會對策大綱》，作為政府推動基本、整合的高齡社會對策方針，以全面性推動高齡社會對策，同時促進經濟社會健全發展與國民生活安定為目的，此外還必須以建構「公正有活力的社會」、「本著自主與互助精神構成地方社會」、「豐衣足食的社會」等作為基本理念。其內涵強調的是：第一、對高齡者生涯規劃的意識改革；第二、確立能夠讓老年生活更安心的社會保障制度；第三、善用高齡者的企圖心與能力；第四、強化地區能力，建立穩定的地區社會；第五、建置一個安全、安心的生活環境；第六、自壯年期開始為「人人活到九〇歲」的時代作好準備，實現世代循環目標。

《高齡社會對策大綱》的宗旨在於「期盼能夠建立一個日本全體國民樂於迎接長壽並讓高齡者安度晚年的社會」。強調活躍老化主要著重於「生涯現役社會營造」，在實施志工政策時所強調的是整合性以及系統性的思考方式，從學校教育乃至於社會教育，從「自助」到「互助」乃至於對公共事務的關心等，採取整體性的思考方式。諸如：成立銀髮人力中心，它是由一群退休人員所組成經營的，由勞動省負責監督、管理，在人口每超過十萬人的城市，就設立一個銀髮人力中心，直接供應工作機會給會員，這種以人口數量作為設立的標準，符合以社區生活圈為建構的理念。增進民眾對於志工活動的認識，從志工活動的整備部分，強調志工的培訓以及志工保險，更加強各個志工中心據點的活動場所設立以及資訊的提供，並透過學校以及民間團體共同維護志工服務的相關環境整備，對於志工的服務活動進行整合性思考。

所謂「生涯現役社會營造」是指「終身參與社會活動的狀態」。而「生涯現役社會營造」的要素包括「健康」、「工作能力與意願」、「社會貢獻能力的自覺」、「保持可能獲得物質報酬的職業」。老人志願服務團體，也是以高齡者為核心做為社區人力資源，以市或町為單位而組成，設立目的主要在運用退休老人的專長或經驗，發展社區服務活動。人力銀行是以退休老人人力的求職為主，登錄、建檔求職之需求，再委由一般的就業安定所，提供就業諮詢、安置就業服務，它具老人人力資源管理的功能，根據高齡者的個人意願與能力，保障其更多元化的機會。例如：為因應雙薪家庭照顧幼兒人力不足的問題，高齡人口提供社區幼兒的臨托服務，讓長者變成一個社區互助的人力資源網絡。

面對高齡化社會所帶來的衝擊不僅影響國家財政、弱化社會力、損傷生產力，又會伴隨著少子化的現象，而老人本身的問題因少子化的連動會帶來「孤獨死」的現象。延續《高齡社會對策大綱》精神，於《社會福祉事業法》其目的為促進老人們對介護的預防，通報、服務、探訪等事項，藉以建立老人們能在日常生活中自立、自我配食、相互守護、社會參加，以減少對政府的依賴。是以針對國民參加社會服務活動時的基本措施，鼓勵長者能夠自發性地參與社會服務活動，參加志工等活動，以達到自主性以及自發性以外，更重視與公共服務的角色分擔以及合作，以因應高齡社會的照顧服務需求，以建構互助的福利社區網絡，配合各個地區的當地特色所進行的整合性社會服務工作。

日本是長壽國家，相當重視老年人力資源的運用，從老人就業、教育學習到志願服務，都積極促使老人參與社會，融入社會，並成為社會的生產人口和服務資源。近年來的社會福利、國際互助合作，社區營造等各種領域中，以志工活動所進行的社會貢獻活動日形重要。從傳統的衛生醫療、老人保健、教育訓練、宗教服務、社區發展、生態保護到國際援助。志工活動對確立更具活力、更安定的社會，發揮極重要的功能，以促進自主，自律民間公益部門發展，並以簡便、迅速程序，俾能增進公益。

伍、高齡志願服務的趨勢

西方志願服務的概念，建基於羅馬時代的博愛精神，和基督教的宗教責任及救贖觀念，透過義務工作表現出人性的愛及弘揚宗教的善性。國際間許多已開發國家面臨高齡化的問題，促使了開始重視老年期相關的議題，因而產生「正向老化」、「成功老化」、「健康老化」、「活躍老化」等等相關的作為。當高齡者志工在志願工作期間及工作之後，倘若得到的成就感、認同感及歸屬感能使激勵因子的面向獲得滿足時，將使得從事志願服務工作成為一件愉悅的事情，持續服務的意願也將更加提高。如同，在英國的社區照顧服務亦運用退休人力提供各項社區服務，如社會福利、醫療、環保、文化服務等，其對於老人的教育更設有聞名的開放大學，提供成人學習環境和退休後的學習機會，形成社會的新人力資源。法國亦設立「第三年齡大學」，提供老人教育機會，除協助老人身心發展和社會參與外，更針對高齡人力資源做前瞻性的規劃，國際的發展趨勢是推動老人福利重要參考依據。

一、聯合國的倡議

聯合國為積極迎向高齡社會，於一九七一年發起「志願服務」運動，一九八五年有「國際志工日」；於一九九一年通過「聯合國老人綱領」，提出獨立、參與、照顧、自我實現、尊嚴等五要點，以宣示老人基本權益保障之共同目標。二〇〇一年「國際志工年」的推動使全球國家有機會回應志願服務的潮流，也強化志願服務在現代國家及社會的運作。

聯合國在二〇〇二年老化問題世界大會，關注如何將老人融入社會各層面、擴展老人角色，以及活力老化等政策議題；活躍老化已然成為國際趨勢，健康與福祉已被聯合國認定為有關老人的兩大議題。就志願服務的屬性正如同參酌二〇〇六年歐洲青年論壇（European Youth Forum）將志願服務界定為：

1. 在個人自由意志之下，提供時間與精力從事使他人受益社會受惠的行動。
2. 志願活動無支給薪酬，但可對於志工執行義務活動中衍生費用進行補貼。
3. 需具有非營利的特性，並在非政府組織運作，杜絕物質或經濟獲利為誘因。

4. 志願服務不應被用來取代受薪工作，以致衝擊民眾謀職或減縮就業機會。

二、世界衛生組織的宣導

世界衛生組織（WHO）於二〇〇二年提出「活躍老化」核心價值，對於健康的定義與期待，就是希望高齡者本身或社會大眾能以積極態度面對人口老化現象，取代高齡化就是老化、退化的觀點，積極實踐以活躍老化取代失去活力的老化。認為促使老化成為正面的經驗，必須讓健康、參與、和安全達到最適化的狀態，以提升老年人生活品質，這正是目前國際組織擬訂老人健康政策的主要參考架構。活躍老化，包含健康促進、社會參與和安全維護面向：

表5-4：「活躍老化」的主要議題

類別	內容
健康促進	為透過多元角度介入，養成民眾自我健康管理生活習慣、建構健康環境之理念，促進老人健康並提高其生活品質，以利早期預防或減少慢性病及其併發症的發生，以促進人們具備積極、有效的能力以維護及自主管理健康。
社會參與	提供教育及學習機會、鼓勵個人依能力、偏好及需求，投入經濟發展相關的活動或志願服務工作，以及透過各項服務鼓勵民眾充分參與社區及家庭生活等教育學習、社區生活參與、開發人力資源等。
安全維護	友善老人理念則包含建構良好的物理環境，如有利老人的交通運輸及居家住宅等無障礙環境，以及面對老化之正確態度，正向形塑老年圖像等；包含老人保護、經濟安全等。

（資料來源：作者整理）

世界衛生組織並彙集全球性友善老人城市計畫（Age-Friendly Cities Project，AFCP）實驗成果，於二〇〇七年公布以住宅、交通、戶外空間與建築規劃、社會參與、溝通與訊息傳播、民眾參與與就業、社會尊重、社區支持與醫療服務等八大發展指標，期冀排除環境中的障礙，積極增進老人的日常活動與社會參與機會。最後，更應藉由教育宣導或世代交流等機制，進而營造無年齡歧視、對老人親善的世代融合社會。

三、世界先進國家的先導作為

二十一世紀是高齡的世紀，人口老化是目前全球性人口結構變遷的普遍現象，然而高齡化（ageing）不等於退化，年老不等同於衰弱，失能更不僅只餘依賴與無力，隨著年齡增長，資深國民累積的其實是豐富人生閱歷，優質專業知能、生命的智慧與經驗，更是重要的社會資產。

泰德・費雪曼（Ted C. Fishman）於二〇一〇年出版《當世界又老又窮：全球人口老化大衝擊》一書，講述人口老化的現象，指出日本、韓國、新加坡、義大利、瑞士及西班牙等國，為全世界最老的國家，老年化的跡象俯拾皆是。兒童越來越少，老人越來越多，世界各地幾乎都是如此。高齡社會將有更多健康的老人，他們需要更充實的生活安排，而長者參與正提供充實老年期發展任務的核心，達成「成功老化」、「活躍老化」的重要養老目標。

人口老化是個人的、在地的與全球的，我們必須以個人的、在地的與全球的角度進行調適，人口老化並非特定國家的話題，而是全球都可能面臨的共通現象，而此一現象對國家的政治、經濟、及社會都將造成廣泛且深遠的影響。志願服務乃是個人本濟世的胸懷，利他的情操，助人的情懷，服務的壯志；不計名利，不求回饋，志願貢獻自己之有餘，藉以幫助他人之不足，進而致力改造或促進的一種服務事業；其目的旨在促使群己關係更融洽，社會福祉更增進。

檢視老人福利政策的國際發展趨勢，均著力於倡導老人維護身心健康的重要性，老人具有豐厚的社會資本，是建構互惠與合作的社會網絡、規範、與社會信任的基石，老人人力資源是高齡社會重要的資本，借鑒先進社會，成功的老化包括以下四個要素：

表5-5：「成功老化」的主要議題

類別	內容
較少疾病	讓高齡者得以在無歧視的環境中積極參與社會，以延長其保持健康狀態及自主獨立的良好生活品質，如此不但可以降低醫療照護及其對福利資源的依賴成本，同時可以增加高齡者的福祉。
身體功能	日本德島東祖谷山區的阿公阿嬤們，每天早上必做的一件事就是在自家門口插紅旗，藉此告訴大家自己很健康，這是一種老年獨立又減輕子女負擔的方法。
積極生活	日本、英國、法國等等高齡國家，早已有計畫、有組織的投入和開發老人資源的培養和運用，從就業、教育到志願服務都有前瞻性的規畫，以增進老人社會參與的知識，融入社會生活。
經濟獨立	養兒防老觀念變成老人經濟靠自己，老人經濟越來越獨立，想要尊嚴老化，基本門檻是經濟獨立，例如：英國政府在二〇一〇二年提出取消常規退休年齡的計劃，主要是考慮到人口老年化以及退休金儲備不足等問題。

（資料來源：作者整理）

近年志工制度的確立，是為了彌補政府對社會支援的不足，結合政府、商界及民間的力量為社會上有需要的人士服務。OECD

建議各國高齡化政策，應針對維持高齡者生理、心理及社會各方面得到最適化，不論是經濟合作組織或是歐盟，都已經開始強調活化（activation）的意義，不單只是強調透過國家政策與制度促進個人積極參與勞動市場；另一方面，甚至更進一步積極的促進個人的社會參與，諸如志願服務。參與志願服務是個人本著自由意志，以助人、利他、不接受酬勞的精神，採取個別或集體行動方式提供服務，以表達對社會的積極關懷；利他主義主要由同理心產生，即換位思考。當我們對另一個人產生同理心時，會完全出於純粹的利他動機來幫助他人，不考慮回報。這是個人認知評價後的助人利他的社會行動，而非直接針對獲取個人好處或是接受他人的命令及壓力而被強迫的幫助行動。

我國順應世界潮流，於二○○一年立法通過志願服務法，志願服務制度邁向法制化，希望能為志工提供更多的助力及鼓舞；另一方面亦希望藉以提升高齡者參與志願服務意願；另外冀望透過法令規範能提升志工服務時的安全保障、增進志願服務的水準。

結語

國際間，許多已開發國家面臨高齡化的問題，此一現象造成各國高度重視高齡者的相關議題，進而衍生出「正向老化」、「活躍老化」及「健康老化」等倡議。其中，如活躍老化的體現是以社會參與為基石，而老人透過社會參與，建立社會連接關係以整合社會，增進身心健康及福祉。個人要能夠從事生產性活動必須有社會制度所創造出的角色機會，故相關政策應透過結構機會的創造來提升社區老人參與志願服務的可能性，譬如召募志工的資訊更加廣為周知、廣增在地擔任志工的機會、透過表揚肯定志工的貢獻、並提供志工訓練與支持等。

二〇〇二年世界老人大會（World Assembly On Aging）通過了「國際老人行動計畫」，旨在確保各地的老人們可有尊嚴地安享天年，並可繼續作為當地公民享有參加其社會活動的所有權利。顯示了國際社會對老人需要繼續積極參與社會的願望，老人開創更美好的未來所持的共同看法。

第六章　高齡志願服務與人力資源

前言

臺灣長者目前平均餘命已超過八十歲，而健康餘命則是七十一歲，換句話說，七十歲之前仍有多數長者是相對健康的。有管理學之父美譽的「彼得・杜拉克」在其「下一個社會」的著作就曾提到，隨著人口老化，未來都有可能至少要工作到七十五歲才能退休。老年人力運用需結合志願服務的發展，延續社會資本的傳承力量給新的世代，並運用老人的智慧資本、人力資源和社區服務相連結，以達成其活躍老化、在地老化的目標。

老人社會參與的實施，可結合老人的五種基本需求：應付需求、表現需求、貢獻需求、影響需求、超越的需求等，促使老人自我實現，改善生活的品質。為推動健康生活社區化，建置的社區照顧關懷據點，提供社區長輩參與文康活動的機會，辦理多元化的健康促進活動、健康講座等，激發社區老人對健康的關心與認知，達成社區的初級預防功能，共同建立健康活力的社區。

壹、高齡者人力資源開發的意義

隨著人口結構改變，近年國內老年人口比例持續攀升，高齡少子化不僅在未來有勞動力供應不足問題，更因此導致年輕人負擔益發沈重，經濟成長日益下降。所幸多數長者不但能生活自理，甚至還能透過當志工積極參與社會。高齡者退休後平均有十至十五年的時間可從事社會參與的活動。「助人為快樂之本」是一句我們都耳熟能詳的話語，助人（Helpfulness）也是志願服務中重要的主題內涵，因此高齡者是一群值得開發和運用的人力資源。針對人口老化的挑戰，OECD各國也擬定了不同的策略，來回應高齡社會的就業問題。各國現有的政策回應方面，主要包括年金體系的改革、促進高齡者就業方案的推動、相關社會安全方案的調整、禁止歧視高齡者的立法與倡導、以及鼓勵僱用高齡措施等。

隨著少子化與高齡化的人口結構趨勢，面對造成的缺工現象及勞動力改變的問題，根據統計自二〇一七年起，我國十五歲至六十四歲的工作人口開始萎縮，換言之，勞動力將出現缺口，估計每年流失的勞動力高達十八萬人，就業人口不足的嚴峻影響恐怕將會持續到二〇六〇年。為謀調整與因應？以人力資源（human resource）的觀點，志工與員工都是服務單位的勞動人力的來源。人力資源開發亦稱人力資本開發、訓練與發展，是經由組織的優質招募與集體培訓，達到提升個人和組織整體績效目的的過程。隨著時代的變遷與社會的需要，志願服務可以提升社會協力共進，發揮道德安穩人心，並能填補社區發展的資源缺乏，在日常生活環境的維持與關懷情感連繫上提供必要的協助。尤其，進入高齡社會之後，高齡志工更是運用單位不可忽視的一種人力資源。

在人力短缺期，運用高齡人力可即時補足部分人力。相對於年輕志工，高齡志工具有許多優勢，利用高齡員工豐富的工作經驗、持續成長的人生智慧，有助於延續經營；將高齡者視為人力資源的開發對象，展現的是世界衛生組織二〇〇二年所提出「活躍老化政策框架」，法國「國家醫療衛生研究院（INSERM）」曾經針對五十萬名勞動者的健康和保險紀錄，進行深入的研究與分析，結果發現，六十五歲退休的人罹患阿茲海默症的機率比六十歲退休的人，低了十四個百分點；而英國「經濟事務研究」也曾在二〇一三年發表一份研究報告指出，退休後自覺健康良好的比例比未退休前下降了四成，另有四成的人退休後出現憂鬱症狀。高齡者人力資源開發將達成活躍老化的目的：

表6-1：高齡者人力資源開發達成活躍老化的目的

因素	內容
增加收益	高齡者仍需面臨經濟生活的壓力，或是需有經濟自主能力，若能再投入社會且有收入，將能使老人有安全感並生活無慮。工作對老人所帶來「有事做」或「被需要」可使一個人自覺對他人有貢獻，因而提升自我價值感。
促進健康	社會服務有助於健康促進，及疾病預防，減少對醫療依賴，志願服務工作都是群體服務，所以能認識許多志同道合的朋友，擴展生活圈。
活躍生活	環境會影響老人的生活獨立性與生活模式。透過志願服務工作，接觸到更多人，能增強與社會的連結，對相關的社群產生的歸屬感。
增加貢獻	高齡者延長工作時間、延後退休，能夠對國家的整體經濟產生正面的效應，是工作所創造的生產力。延長就業除了對高齡者有益，也對整個國家、社會的經濟有實質的幫助。根據「美國退休人士協會（AARP）」的研究顯示，只要每個人多工作一年，GDP（國內生產毛額）就會增加一個百分比。
降低失能	延後退休不但已經是全球的趨勢，更重要的是，這麼做對健康有益，根據研究，每晚一年退休，失智的風險可以降低百分之五，延後退休的年齡，因為工作能夠激盪腦力。

因素	內容
經濟發展	高齡者延長工作時間、延後退休，對國家的整體經濟產生正面的效應，一方面是工作所創造的生產力，另一方面則是工作老人所帶來的消費力。銀色商機是人最有力量的商機，且隨著高齡人口的增加，經濟拓展將會愈來愈龐大。

（資料來源：作者整理）

人口老化雖然引發危機意識，也帶來新契機。已開發國家積極迎向長壽且健康的社會，建置醫療保健服務體系並將之普及化，結合創新科技設計適合高齡人口生活與居住環境，提供各類成人繼續教育以及社會服務等活動。當多數人都能健康且長壽，過去直線進展、早退休的生命歷程，將可調整為具有多重變化，彈性延長就業的人生安排。隨著新的人口結構，志願服務儼然成為重要思潮，潮流所趨，志願服務在全球已普遍成為公民參與和實踐公民責任的新策略。因為每個人都有內在能力與優點，可塑造成改變的潛能，當人們的正向能量受到支持時，他們的能量就可發揮，所以藉著將焦點放在人的資源、天賦、經驗和性情上，正向成長的可能性大增。是以，聯合國將二〇〇一年訂定為「國際志工年」，發表「全球志工宣言」指出：現在是「志工和公民社會的年代」，我國也在這一年公布了「志願服務法」。

隨著人類平均壽命延長以及生育率降低，已開發國家普遍面臨少子化及高齡化的社會現況，勞動力不足成為政治經濟問題，因此已開發國家紛紛開始發展高齡人力資源。面對全球高齡社會的挑戰，健康與福祉已被聯合國認定為兩大主流議題，西元二〇〇二年世界衛生組織（WHO）提出「活力老化」的核心價值。電影《高年級實習生》中勞勃狄尼洛飾演的Ben就是高齡人力運用的理想，雖然年過七十卻應徵到新創網路公司當實習生，他樂於學習網路科技，會提供自己的人生智慧與經驗卻不會倚老賣老，並與年輕人相處融洽，呈現隔代間互相學習、世代融合的理想情境。

高齡社會的來臨，多數高齡者退休後一直到終老，有一段很長的時間是身體健康的狀態，且保有原有的能力和專長，如能夠鼓勵其擔任志工提供服務，會讓其透過服務的過程中，利用自己的專長而獲得成就感，並維持身體的健康狀況，也能夠在參與志工的過程中，建立自己的社會支持網絡和資源，豐富其生活。

在現今經濟與家庭型態的轉變下，以家庭為主的福利供給模式已慢慢受到挑戰，加上「去機構化」的思維之下，「在地養老」、「在地老化」理念的實踐，成為建構高齡照顧體系不可或缺的一部分。社區發展能夠透過社區民眾廣泛的志願服務參與，以決定目標並採取公民的行動，地方發展是達成社區能力與社會整合的過程目

表6-2：高齡者志願服務的功能

功能	內容
提升服務品質	志願服務具有創新的角色，利他行為，可從別的角度看事情，可發展出料想不到的知能，是提供者與受惠者雙向互惠的過程。
展現自我肯定	志願服務有人性化的優點，自發意願，可肯定自我並獲得肯定，從服務當中感到成就感，志願服務同時有利於志工本身。
蔚為善良風尚	志願服務是自由結合，不計酬勞，敬業表現，意境是深遠的，是社會凝聚力展現，可移風易俗蔚為善良風尚。
拓展服務視野	志願服務提供建設性參與，可擴展視野，可藉以嘗試從未做過的事情，可增強自己的專業素養。

（資料來源：作者整理）

標，由地方產生領導者，並由在地人民進行指引與控制，透過非指導性的「使能」技巧，教育參與者與人力發展，以促進整體的自我指引（self-direction）。達成「自助人助，自立利他」。

貳、高齡者人力資源運用的價值

隨著國人提早退休及平均餘命延長之趨勢，高齡人力資源運用議題日益受到重視。根據英國「國家經濟與社會研究所（National Institute of Economic and Social Research；NIESR）」在二〇一三年所做的研究顯示，如果每個英國人都多工作三年，那麼，在二〇三三年，英國的GDP就可以增加三點二五個百分點，預估為增加五五〇億元英鎊的規模。

全球人口結構正從高出生率、高死亡率，轉型為低出生率、低死亡率的人口結構轉型過程；即人口平均壽命延長，人口結構趨向老化，這種變化在已開發國家已日趨顯現。特別是戰後嬰兒潮的大量勞動者，已陸續進入退休年齡，而且隨著少子化問題的發生，人口的負成長和人口老化的問題，都將造成對經濟成長和勞動力的嚴重衝擊。高齡人口急速增加，年輕勞動人口比例相對減少，二十一世紀，這一代的勞動者如果不能延緩退休，則未來人數比例相對較少的勞動人口，將被迫負擔重稅與老人照護的支出。針對仍有工作能力及工作意願之老人，積極促進參與服務活動，促進高齡者人力再運用。在參與志願服務時，來自不同生活背景、擁有不同價值觀的人們，卻能因著服務活動而建立緊密的關係，這是志願服務對他們的影響。志願服務能建立友誼、拓展人際關係、向彼此學習與提高自信，這些都是加強社會和諧發展的要素。

英國採取跨部會的作法，揭明「活得更長久、活得更健康」為訴求，勞動福利局（Department for Work and Pensions）提出「老年的機會——迎向二十一世紀老化的挑戰」的策略，議題焦點為：如何擴展高齡者的工作生活，如何協助高齡者在社區中活躍老化，以及如何提供高齡者更多服務，以協助其過獨立自主的生活等，以回應人口變遷所帶來的衝擊。高齡者的人力資源持續地開發及運用，支持高齡者以個人能力繼續貢獻社會，鼓勵高齡者接受再培訓，透過工作來消除外界對於年齡的歧視，進而營造一個能夠結合終身學習、工作及休閒的生命歷程。

社會經濟的發展，醫療科技的進步，人類壽命不斷增加。老，是多數人都被賦予的命運。由於新一代老人健康良好，教育程度高，是創造許多國家經濟大繁榮與奇蹟的一代，累積了豐富的經驗。在人生中這個意義深邃的階段，經由志願服務參與社會以伸展自己、超越自己，活出生命的優雅巔峰。借鏡德國，六十五歲以上勞動人口將近八十萬人，佔總體勞動力百分之二，已邁入超高齡社會的日本，六十五歲以上就業人口，更佔了日本總勞動力一成以上。推動老人人力資源的運用，持續參與職場，彌補人口紅利消失的勞動缺口。

現代高齡者的特徵，健康良好、經濟保障和教育素養，與過去對老年人的刻板印象不同。隨著全球陸續進入高齡化社會，人們關心的議題不再單純只為延長生命，如何使生命活的高品質，如何提高自身的生活品質才能使生命的延展更加有意義。因此，高齡社會對策為：「建構有利於高齡者健康、安全的友善環境，以維持活

表6-3：高齡者志願服務的價值

特徵	內容
個人層面	老年是另一階段嶄新生活的開始，退休生涯可以讓許多人生未完成的理想有機會實現，在認知上從「養護觀」調整為「資產觀」。高齡者參與志願服務，可減緩退休的衝擊，讓高齡者在退休後，經由社會參與獲得生活上的充實；使高齡者具備積極、有效的自主管理能力，進而促進成功老化、活躍老化。
社會層面	高齡者依個人體能、興趣及需求投入志願服務行列，在生活上由「消費者」改變為「生產者」，既可增強高齡者的自信心與價值感，達到「人盡其才、才盡其用、適才適所」的目的；且可彌補推動事務人力不足的困境。
政策層面	鼓勵高齡者參與志願服務工作，在政策上轉化「福利觀」為「服務觀」，可強化老人福利政策的落實，可型塑無年齡歧視、公平參與的公民意識，蔚為崇老、敬老的善良風尚；營造悅齡親老的社會，讓老人享有活力、健康、尊嚴的老年生活。

（資料來源：作者整理）

力、尊嚴與自主」，除了基本生活的保障外，還須致力於友善老人的環境的型塑，此乃因友善老人的環境不僅讓老人可免受到社會上的年齡歧視，或不會因老年而招致到社會排除，還包括支持性和復能的環境之建立。Rowe & Kahn（1998）認為「成功老化」必須三個主要因素同時存在：

表6-4：「成功老化」的主要因素

類目	內容
避免疾病 （Avoiding disease）	擁有較低得病的風險和失能的機率。大腦會因為經驗與學習而不斷重塑，終其生不斷造出新的細胞，神經元之間的連結遠比認知功能重要，形成及深神經連結的能力不會隨年齡而減弱。

類目	內容
身體功能 （physical function）	有著較佳的人力資本如身體健康良好、經濟能力自足、良好的心理調適及豐富的社會資源像人際關係，同時兼具專業知能與豐富實務經驗，能主動的解決問題、對事物有概念。
社會參與 （Engagement with life）	培養自己在各方面的興趣，如藝術、政治、慈善事業等，讓生活更平衡、更多元。持續保有與社會接觸的語言技巧和參與生產性的活動。

（資料來源：作者整理）

尤其是健康而有服務能力的高齡者，在志願服務事業上更是能具有貢獻及擁有被開發之潛力的。人們在晚年從事生產性活動其實同時受到個人能力與制度能力的作用；銀髮族退休後，身體仍然健康硬朗，可以繼續貢獻社會，透過志願服務，要讓大家知道高齡志工不僅僅是付出，同時也能在服務的過程中，持續學習，找到生命的價值。

開發高齡的人力資源，並引入社會生產行列，強化社會服務的內涵，將成為高齡社會的新資本。人力資源的是屬於動態資源，高齡社會的老人在年輕時，曾是創造社會發展及經濟起飛的重要力量，今日年紀雖然大了，但多數老人仍身體健康、智慧飽滿且抗壓力強，學習狀況或工作投入不輸給年輕人，藉助長期累積的綿密、社會網絡，正是推展社區發展的基石。是以高齡化國家無不注重各種人力資源的培育、開發與運用，以減少人力閒置造成的資源浪費，因此開發高齡志工人力可成為社會發展的方向。

值茲少子化、高齡社會的來臨，社會上呈現人力不足的窘境，勞動力短缺，很多工作沒有人做，若干先進國家開始採取因應的措施。依其經驗，解決的重要管道，就是老人人力的再運用。他們是社會中潛在的人力資源，高齡者在志願服務過程中，透過種種方式學習並獲得知識、技能和態度各方面的成長與改變，同時去發現自己的智能及體現終身學習的歷程。Atchley（1988）認為退休是老年生活的開始，也是個人生命的轉捩點，代表原有工作的結束，也是新生活的開始。開發高齡志工資源有較高的效益，也能提高國家的人力效率，使人盡其才。

當「長照二.〇」推動之時，照顧據點的服務對象是老人，但是老人絕對不完全是社區的依賴人口，在部分退休人口較多的社區，其整體的人力規模甚至大於組織既有的志工體系，由年輕老人來服務老老人，抑或是由健康老人服務身心狀況較為不佳者，成為在地老化過程受到普遍倡導的社區工作方式，老人是相互關懷與志願精神的新來源（Etzioni，2001），這不僅可舒解社區組織人力不足之壓力，亦可促進服務使用者間的互助關懷體系，透過志願服務的形式，連結屬於老人個別的照顧與社會網絡，將帶給退休老人生活上的意義，再度確立老人對於社區的價值，包括擔任志願工作，分擔社區組織的業務，抑或是其對年輕人所進行的互動與經驗傳承，可謂是老年人力資源的發掘與運用。

參、善用志願服務發揮人力資源

要提高經濟成長率，除了要提升就業產出的GDP外，勞動參與率是一個重要關鍵，尤其是老年人的勞動參與率。隨著人口結構的快速老化，受扶養老年人口增加，青壯年勞動人口相對較少，「食之者眾，生之者寡」的社會現象，將使國家財政負荷遽增。一九八〇年代中期以後，許多先進國家已經感受到人口高齡化帶來的財政衝擊。通過的成長與就業促進法，即立法加速延後退休。希臘、義大利、日本、英國、瑞典，也都提高退休年齡與年金給付門檻。日本在一九七一年、韓國在一九九一年、德國於一九九六年、新加坡於二〇一二年及我國於二〇一九年就以推動「活力老化」與「生產力老化」與為兩大核心方向，並透過友善職場與多元選擇，達到個人面向的五大目標：活力、自主、機會、參與及尊嚴及社會面向的五大目標：包括促成社會參與、提高社會品質、縮小社會差距、追求永續發展與落實世代正義。

工作在高齡社會的脈絡下基本上有五大核心價值：包括有助於經濟安全、社會參與、健康促進、生活品質提升、落實世代正義與合作。在身體健康的狀況下，如能從事適性與適量的專業或是服務性工作，都將有助於健康、減緩老化與人際連結，進而減少醫療支出。對比臺灣鄰近國家的高齡就業政策發展，以日本、韓國、新加坡為例，這些國家的高齡勞參率均高於我國，意識到快速高齡化趨勢，為解決快速高齡化趨勢，在促進就業的政策也相對來得比我國早。具體的做法有：

表6-5：高齡者就業政策與作為

類目	內容
日本	1. 訂定《中高齡就業對應政策》，以舒緩勞力短缺的衝擊。 2. 獎勵高齡就業的各類補助，禁止年齡歧視。 3. 二〇一四年成立「銀髮人力資源中心」，定期舉辦課程活動吸引高齡者參與，提供就業諮詢及工作媒合等服務。 4. 成立「中高齡者僱用安定中心」提供企業專業諮詢等。

類目	內容
韓國	1. 一九九一年即訂定《高齡者就業促進法》，並修正法定退休年齡為六十歲。 2. 二〇一三年起法定退休年齡將從六十一歲，每五年增加一歲至二〇三三年提高至六十五歲為止。 3. 成立「中高齡人力銀行」免費提供高齡者的工作媒合服務與職業建議及技能發展，以解決人力匱乏的問題。
新加坡	1. 一九八二至一九八四年間即組成「人口老化問題委員會」。 2. 推動中高齡就業相關政策，延長法定退休年齡，由原先的五十五歲延至六十七歲。 3. 提供高齡者就業薪資補助措施，並鼓勵雇主改善適宜高齡者的工作環境。

（資料來源：作者整理）

社會是一個整體，當運用社會資本產生效益時，教育組織便必須經過知識分享，將所接受的社會資本加以轉化，再回饋到各層面，產生不斷地循環作用。透過提供服務機會並積極提升其參與性，以創造一個充滿生機的、參與式的、具有文化意識與經濟活力的人類環境，以提高高齡者的潛能。志工的投入，其目的都是在服務社區居民，加強人力資源運用，可從第二專長或持續產能的生涯規劃方式使高齡人力與社會所需相結合，並進行經驗分享和專業技能傳承。

WHO於二〇〇二年提出了「活躍老化」的觀點，也用於人力資源管理。是由成功老化中的生產力老化和健康老化逐漸發展而來，希望能建構一個更能符應高齡社會健康促進生活型態。這個概念讓人想起了更長的活動時間，更高的退休年齡以及適合員工年齡的工作實踐。這也延伸到了老人的集體的社會參與。這是著眼於醫藥進步及醫療品質提升下，大部分老人身心仍是健康的，一個人在年老時，應該優化其在「健康」、「參與」與「安全保障」等方面的水準，從而改善生活品質，也就是「持續參與社會、經濟、文化與公眾事務」，強調老年人積極參與各種活動的重要性。概念在於扶持老人，讓他們從「社會撤退」轉換成「參與融合」，持續參與社會經濟生活、志願服務或終身學習，讓老化成為一個積極的過程。

在一個多元化的社會裡，非營利組織的角色漸被重視，而志工通常是非營利部門最重要的人力資源。而政府部門為了提升公共服務品質及擴大民眾參與，也大量引用志願服務人力。甚至企業界為了善盡企業公民的責任和提升企業形象、動員企業內部人力資源，也開始投入「企業志工」方案。在高齡化社會中，不但要使高齡者能享受快樂生活，還要想如何活用他們長年的知識、經驗與技術來貢獻社會，讓他們感受生命的可貴，過著健康活力充滿的生活，發揮「積極老年」的真正意涵。助人者秉持一套獨特的核心價值觀，包括關懷他人、歸屬感、責任、和創造力，有效能助人者之特質：

表6-6：助人者的個人價值觀

特徵	內容
真誠	做到真誠，助人者必須具備深層的自我了解與自我接納，缺乏這兩項要素，在協助過程中的人際互動將產生防衛，而中斷自然的協助情境，使得助人者成了協助過程中一個諷刺性的人物。
同理心	「同理心」有別於「同情心」，同理心的重點在於能保持客觀角度的能力。對一個社區組織長期深耕社區，以其對於地方生態的瞭解，其在地性有助於發揮同理以轉變成為服務的展現。
尊重他人	以理解的角度出發，從注意個別差異著手，尊重、愛心與熱忱是投入志願服務的最基本條件，尊重他人包括接納他人不同的價值觀、宗教信仰、文化、種族和民族上的生活方式、智慧能力、和生理機能。

特徵	內容
親切待人	建立親密感包括能與人分享內心深處的想法與感受，最有成效的協助需要與當事人建立友好和諧關係。高齡者是身體力行的行善者，讓服務對象看到生活中的實例，激發服務對象向上的心。
學習參與	面對高齡志工，發掘個人優勢、避開弱點，進而結合適當與完整的職前訓練、在職訓練、督導等機制，鼓勵高齡者積極投入志願服務，成就其實現自我，延續對社會的貢獻和參與。透過服務再設計、訓練及督導，使高齡志工能在擅長的工作和專長下，發揮所長。

（資料來源：作者整理）

近幾年，社會資本成為一個熱門的議題，主要原因是當代社會的公民參與（civic engagement），以帶動民眾對社會公共事務的積極參與，志工不是為了個人的利益，或是基於法律規範而進行服務，是以協助他人為出發點。助人是能以實際行動對他人付出關心和幫助，促使相關資源與需求獲得協調整合。善用龐大高齡人口的力量創造社會資本，是政府、企業、志願部門、社區鄰里和家庭等共同努力的目標。目前臺灣六個人養一個老人，十年後急遽上升到三個人養一個老人，如果有愛心的銀髮族「樂善好施，勤於助人」，不僅發揮「自立自強」，同時，高齡者志願服務其優勢在於老人彼此之間的熟悉度相對較高，可降低其使用服務的疏離感。

高齡者相較與其他年齡層者，容易受老化與疾病等因素，影響其體能及反應。這些生理、心理或技能上的限制，常常是大眾對老人的迷思或是刻板印象。高齡志工的運用能否得宜，端賴單位運用智慧及方法，瞭解高齡志工的特質，與終身學習的理念相結合，在執行上能予以肯定及重視。老年是一段集大成的豐美歲月，蘊積了大半生的經驗與睿智，參與志願服務以創造長者社會參與，不但能審視盤點過往生命中大大小小的時刻，還能繼續夢想與學習，探索人生另一階段嶄新開始。

肆、高齡者志願服務與賦權增能

物質資源、資本資源、技術資源和人力資源是社會成長所仰賴的四大要素。現代國家極度重視人力資源的累進、開發與運用，人力資源管理是把人力當作重要資源，加以投資以發揮其價值潛能，並以有系統的方式發展各種人力取得、運用和維護的管理活動。當年齡結構發生重大變化，對社會發展會產生顯著的影響，而高齡化社會的來臨，人口結構的改變勢必對經濟及社會福利制度產生衝擊，並面臨新的社會問題。

自二十世紀六〇年代以來，「賦權增能」理念就被廣泛應用於多類社會弱勢群體的權力保障當中。其中，以美國學者所羅門（Solomom）的社會工作增權理論最具代表性，主要觀點是對缺乏社會資源的群體，應依托社會保障和社區服務體系，建設一個充滿能量的社會場域協助他們參與。而增能賦權亦廣為納入教育、社會工作和健康促進的領域應用，更被運用於少數族群或社會階層中屬於受壓迫族群的社會運動。讓大多數的健康老人肯定他們的生存價值外，進而用社會工作中「賦權增能」的概念，激發老人本身的力量，使其能根據自己的想法和意念採取行動，提高掌控自己生活和命運的程度，甚至成為有「社會產能」的人口。

「賦權增能」，有賦能、充權、充能、授能之意，賦權乃是個人、組織與社區藉由一種學習、參與、合作等過程或機制，使獲得掌控自己本身相關事務的力量，以提升個人生活、組織功能與社區生活品質。藉由更多機制的協助，引發更多的能力，以「增權益能，彰權益能」，對特定領域感到可控制和重新獲得力量。幫助個人，家庭，團體和社區提高個人的，人際的，社會經濟的和政治的能力，從而達到改善自身狀況的目的的過程。賦權觀點是以「自我增能與行動」取代傳統的修復問題，發展成員參與能力，扮演有價值的角色，以「發掘優勢」取代傳統的責備受害者。

從「賦權增能」理念觀察，老人的「社會參與」，是高齡志願服務得以遂行的主要依據，而社會參與的目的，則著眼在活躍老化的促進，伴隨服務的進行，有益於高齡者在老化過程中，享有較佳的生活品質。志願服務是高齡者出於個人的意願，非基於個人義務或法律責任，在公共或是志願團體內，透過機構組織的安排，為他人、組織、社區、社會提供無酬服務，不受任何物資或是報酬而貢獻其服務和參與各種服務，以提高公共事務效能及增進社會公益形象之各項活動。

為謀落實高齡者的「賦權增能」，則須涵括：意識喚醒、知識增進和採取行動，讓高齡者從附屬（subjection）到自主（subjectivity）。並不是「賦予」長者權力，而是促進長者積極參與養老的自我觀念的形成，通過挖掘或激發長者潛能來提高其行動能力。在增能過程中，提升高齡者的自我價值感是相當重要的目的，讓他們覺得自己「有用」，獲得社會的肯定及認同，對晚年的生活適應有很大的幫助。

過往社會習慣將老人福利的政策定位為「照顧」老人的政策，將高齡者界定為單純的服務接受者，近年在民間機構的倡議下，已較以前注意「老有所為」、「老有所用」的思考觀點，為提高人力素質，未來人力發展政策重點，應重視終身學習的推行，從社會資本的觀點，透過「社會參與」管道的建立，「身心健康」環境的形成，「社會、經濟及生命安全的確保」等，人力資源積極開發及充分運用，藉以提升高齡人力資源。高齡人力資源的元素可細分如下：

表6-7：高齡人力資源的元素

特徵	內容
人力規劃	建立人力資源庫，由進行人力資源運用，包含招募、訓練及聯繫事宜，並制定標準化表單格式。
人力發展	施予高齡者職前訓練及在職訓練，充實其能量，並試圖建立運用、管理的機制，能與年輕人共同分享其知識、技能、價值與人生經驗。
激勵做為	鼓勵薪傳教學者及參與志願服務者，並有不定期的表揚、聯誼及成果發表。
績效評估	制定自我評估表、傳承教學機構評估、教學計劃及成果報告等。
人員參與	服務社區與擔任適合自己興趣及能力的工作，透過聯誼活動及加強與長輩的聯繫，建立友善親切的合作。
安全保障	給予參與志願服務長輩保險，避免進用單位對高齡者健康問題的疑慮。

（資料來源：作者整理）

高齡者並非必然只是依賴者的角色，倘若運用得宜，他們仍然可為經濟和社會作出貢獻。而此種增權賦能的關係是建立在相互尊重和理解的基礎上，每個人在助人過程中會體驗到個人的投入和實現自我價值的成就感，爰此，實施在當前積極導入的社區照顧服務模式更有其價值與必要。

從社會資本的角度來看，永續發展的觀念可被定義為一種發展過程，在這個過程中未來世代每個人所獲得的資本應等於或大於當代世代。此外，在運用高齡人力資源的過程中，自身也應「充權」，善用再造工程，提升經營效率；推展知識管理，加速人才培育，走向永續經營；培養團隊人才，使高齡志願服務朝向永續發展。

面對高齡化世代快速興起，長者照顧需求服務日以劇增，為回應長者社區照顧需求，近年來，政府所推動的長期照顧政策推展以居家、社區式照顧為趨勢，希望布建普及可近的照顧服務資源。延續於自二〇〇五年推動「健康社區六星推動方案」，推動「建立社區照顧關懷據點實施計畫」以期透過在地化之社區照顧，使高齡者留在熟悉的社區裡得到安心的生活，同時亦提供家庭照顧者適當之喘息服務，延緩高齡者老化速度，發揮社區自助互助照顧功能。

在重視社區高齡化問題及兼顧社會福利之下，社區關懷據點幾乎皆由當地志工服務當地老人，據點由社區中熟識鄰里好友、非專業人士所組成，所提供服務都數是志願性的服務，因此據點具有將老人原有或潛藏之非正式照顧資源強化、具體組織化成為正式照顧資源的特質。正如同，彰化縣二水鄉在實踐大學家政中心長達近五十年的地方扎根，社區服務，使社區關懷據點提升老人生活品質，規劃空間讓社區長者平日有活動、休閒的場所；辦理健康促進活動增加長者有社會參與、健康管理、休閒娛樂的機會；進行電話問安、關懷訪視、諮詢、轉介，協助在家或失能長者解決日常生活遇到的大小問題；餐飲服務的提供也增加不少老人與社區互動的機會，甚至協助有特殊飲食需求的長者。

世界衛生組織（WHO）於二〇〇二年提出活躍老化的概念時，針對健康、參與和安全三大基礎原則中有關「參與」面向的主張為：提供民眾橫貫生命週期之教育及學習機會，如基礎教育、健康教育及終身學習。另一方面，強調當民眾逐漸老化時，應鼓勵個人依照其能力、偏好及其需求，積極的投入經濟發展相關的活動與志願服務等工作。鼓勵高齡者志願服務創造社區中「老老扶持」，藉由高齡者志願服務兼具提升老人生活品質、推廣志願服務、促進社區發展等多項目標，包括：

第一、落實長期照護社區化目標，建立社區支持系統。

第二、發揚社區營造及參與的精神，以發展在地生活。

第三、發揮長期照顧社區化的功能，以達成在地老化。

第四、透過在地化的照顧，使高齡者持續在社區生活。

第五、減緩家庭照顧者的負擔，提供適當的喘息服務。

第六、藉由健康保健的措施，以預防長者失能的機能。

因此，若能廣布據點，配合專業人力、資源導入，並將之與長照體系相互搭配連結，讓關懷據點發揮更多能量，有效提升高齡者福祉，因此關懷據點服務的推動深受各社區肯定。

借鑑美國在二〇〇四年推動「老人月（Older Americans Month Theme-May 2004）」，以「老得好、活得好（Aging Well，Living Well）」為主題，許多老年志工是透過吸納各年齡層志工的服務組織來從事志願服務為例。我國志願服務法公布施行以來，經過各方積極努力推動志願服務工作，志願服務類型變得更加多元豐富，舉凡社會福利、醫療保健、教育文化、環境保護……等各領域，都可以看到志工認真付出的身影，也有愈來愈多的人願意投入志願服務

表6-8：高齡志工參與社區關懷服務內容

類目	內容
生活照顧	志工到有需求服務者家中協助家務及日常生活照顧，使其得以維持基本的生活能力。提供服務的項目包括：衣物換洗、修補、協助膳食、居家環境整理、陪同或代購物品、代繳各項費用、陪同就醫、代領藥品、保健服務、提醒服藥、聯絡醫療機構。
簡易護理	對於行動不便者，提供簡易護理技巧的身體照顧服務，例如：餵食、洗澡、協助穿換衣服、翻身、拍背與肢體關節活動，以及照顧案主的健康醫療生活。
精神支持	提供生活關懷及情緒支持，包括電話問安、定期的友善訪視，及生活關照。
休閒服務	照顧者是他們日常關懷者，因此照顧者對他們的互動情感，是他們最想念的，也是最開心的，以進行陪同散步、訪友、閱讀、參加休閒活動。
送餐到家	針對行動不便者，由志工將經過個別需求設計之營養餐食送到案主家中，並提供進食困難者餵食服務。
共餐服務	在社區之定點提供午餐，讓行動不便者集中用餐增加其運動及與人互動之機會。
文書服務	協助書寫不便的案主辦理各項申請手續，以及代寫書信、聯絡親友。

（資料來源：作者整理）

的行列，志工已成為推動各項政策方案重要的人力資源，尤其在社會福利領域，更是如此。志願工作者對社區照顧具有某種重要意義，它們雖然不是專業人員，但是他們就像一根小螺絲丁，少了它們，機器就無法順暢地運轉。

結語

臺灣在快速的高齡化、少子化社會背景之下，未來青壯年齡勞動力勢必會萎縮，由於社會對老人的負面刻板印象，使的許多年老卻健康的人們感受到自己與社會脈動的格格不入。實則，長者豐富的人生閱歷及智慧，更是社會重要的資產，加強志願服務，鼓勵老人貢獻所長服務社會，增進老人的健康與生活滿意度，提升自尊與心理福祉。參考「社區照顧關懷據點」是以社區營造及社區自主參與為基本精神，鼓勵高齡者志願服務的推展，提供在地的初級預防及照顧服務，並結合照顧管理中心等相關福利資源，提供關懷訪視、電話問安諮詢、轉介服務、餐飲服務及健康促進等多元服務，進而失能老人連續性的長期照顧服務。

高齡者的志願服務是因應高齡化社會，促進社區老人身心健康，落實在地老化及社區營造精神的極佳作為，結合有意願的長者，提供照顧服務，以延緩老人老化速度，針對健康與亞健康老人結合在地資源，提供健康促進、社會關懷，投入社區整體照護體系，讓有長者的家庭或是亞健康的老人能在社區內「找得到」、「看得到」與「用得到」彼此關懷照顧的服務。

第七章　高齡者志願服務與社區參與

前言

少子化的趨勢已不可逆，若再漠視高齡的人力資源，未來的勞動人力資源供給將嚴重不足。長者參與志願服務的動機在於服務社會，其次為自我成長，藉由服務過程中滿足個人內在的需求及自我長，繼而達到幸福的人生。提升老年勞動參與或者促進退休人力能夠透過不同的方式參與公民社會，如社會服務、志願服務等，成為世界各國的目標。

教育部於二〇一〇年公布「邁向高齡社會老人教育政策白皮書」，強調終身學習、健康快樂、自主尊嚴，以及社會參與。高齡者志願服務為社會工作不可忽視的潛在人力資源，參與志工服務是能彰顯高齡者志工生命價值的具體行為。長者從事志願服務的原因，包括有：肯定自我價值、幫助他人、獲得愉悅的滿足感、增加與人互動。面對結構性挑戰的種種因應方案，無非希望維持健康的高齡人口生活品質，提供新的就業機會，活絡經濟產能。

壹、志願服務與在地老化的倡議

「在地老化」觀念，強調老人身心健康、生活照護的所有服務，都可以在社區內取得，不需要脫離原有社區、人際關係。「在地老化」是近年各國老人照護政策的發展趨勢。以日本為例，到二〇一八年高齡者已超過三千五百萬人，占總人口百分之二十八。照顧需求逐年增加，造成介護保險幾度瀕臨破產，費用支出從二〇〇〇年的三點六兆日元，來到二〇一六年突破十點四兆，增加為三倍；根據厚生勞動省統計，介護設施從二〇〇〇年到二〇一六年成長為四倍，實證研究發現，老人被送進養老機構，覺得被遺棄，變得不愛說話，不愛活動，反而容易生病，對健康十分不利。當長照需求愈高，代表整體社會的負擔愈重，造成社會極大的壓力。在高齡社會裡，如何讓老人過著健康、安全、活力、尊嚴的生活成為政策關注的重要議題。實踐在地老化理念的福利社區化，成為一個老人福利供給的主要政策選項。

約翰・易根（John Egan）在《建構永續社區的技能（Skills for Sustainable Communities）》一書，提出：永續社區滿足現有和未來的居民、其子孫和其它使用者的各類需求，促進高生活品質，並提供機會和選擇；其居民以有效利用自然資源、提升環境、促進社會凝聚力和社會包容。社會大眾對於高齡現象存在消極、消費等負面觀念，政策規劃限於福利、養護、照顧等策略。然而，高齡化還顯示出社會經濟的發展、醫療水準提高、公共衛生的改善、教育水準的提高，以及個人對身心保健的重視等意義，高齡社會不僅會造成勞動人口減少、衝擊國家財政，並且可能進一步影響社會的人力結構與人力資源管理的方式；因此，勞動力的活化與有效運用，已成為二十一世紀各國人力資源管理的重大議題。

臺灣戰後的嬰兒潮已逐漸進入老人潮，急增的老年人口多為健康又且有完整教育的老人，根據預測「生育高峰代（嬰兒潮，Baby Boomer）」中有百分之四的人，預期壽命將超過一〇〇歲以上（Hooyman and Kiyak，2008）。因此年輕的老年人口群將形成社會新生產力。現代國家極度重視人力資源的累進、開發與運用，這一群銀髮族，如何規劃退休後的生活，尋找社會的新角色是人生晚期的重要課題。先進國家已將他們視為新人力資本，認為是社會生產力和人力資源再用的生力軍，善用退休潮的老年人口是老化國家必須認真面對和思考的課題。

當臺灣人口結構明顯快速老化時，少子高齡化產生了國家勞動力的減少與社會福利經費支出增加，對社會既有資源產生嚴峻的挑戰，為使國民生活品質永續發展，除應不斷地技術革新發展高生產力與國際競爭力的產業，以維持經濟的活力，在人力資源運用上，高齡群體的龐大人力資源，成為一個值得重視與開發的課題。在高齡者志願服務之中，首先應將各項資源加以整合，鼓勵參與活動，針對社會環境需求，提供參與機會與管道，規劃各項適合高齡者的方案，構築學習資源分享平臺，落實事事可參與、時時可參與、人人可參與、處處可參與，充滿和諧優質氛圍的社會。

老年生活品質的維繫，相當程度是建立在不假手他人的自主生活上。其基礎除了健康的身體，當然還包括足以供給個人日常生活的自立自主。一九九一年聯合國宣示了「關懷老人原則（United Nations Principles for Older People）」可歸納為以下五大層面：

表7-1：聯合國關懷老人原則

特徵	內容
獨立自主 （independence）	獲得精神、物質、參與、決定、獲得、教育、居所如願的自主性。
參與 （participation）	能有參與相關政策討論，並積極推動、分享知識技能、提供服務社會的機會與能力。
照顧 （care）	在安心的環境中，無論身心、健康、情緒、社會、法律、人權、自由的生活品質都獲得照顧。
自我實現 （self-fulfillment）	能獲得教育、文化、精神與休閒各項社會資源，並擁有充分增進發展潛力的機會。
尊嚴 （dignity）	無論任何等級的人一律平等被對待，讓老人生活在尊嚴與安全中，自由發展個人身心。

（資料來源：作者整理）

社區是個人的日常重要生活場域，也與個人的生命歷程息息相關。鑑諸已達老化社會的國家，深體社區在回應老化社會挑戰的關鍵地位，採行學習社區的理念，以高齡者為主體，參與為核心，建立社區高齡者社區參與體系，整合機會與資源，提供高齡者發揮所長，所形成的樂活社區形態，已蔚為重要趨向。

面對高齡化與少子化的雙重壓力之下，日本是全球老化速度最快國家之一，老年人口在二〇二五年將突破百分之三十。但全時照護的老人安養機構，因讓長者離開熟悉的生活環境與脈絡，很大程度地忽視了長者的情感需求，同時，長照服務面臨人力極度短缺的窘境；爰，提倡「在地老化」及「高齡志願服務」的概念。透過政策，結合醫療單位、民間企業、志工與公部門各方資源，提供長者在家庭、社區獲得保健、醫療、福利等需求，逐漸達成應對社區照顧的模式。該「在地老化」進行的程序為：

表7-2：日本推展「在地老化」進行的程序

年代	計畫	內容
1989年	黃金計畫	為建置健康照護所需的硬體設備及人才培育、長壽科學的研究與教育、以及興建機構所衍生的土地活用問題。
1994年	新黃金計畫	對老人照護服務範疇及人物力擴充，更重要的是對未來政策的架構提出四大基本理念。包括「使用者本位、支援自立」、「普遍主義」提供普遍性長照服務。「提供綜合性服務」，以及「社區主義」，強化地區性長照服務機構與居家照護支援中心功能。
1997年	介護保險法	由政府（保險人）與長者（被保險人）共同分擔介護所需的費用。

（資料來源：作者整理）

日本在一九八九年，推出「高齡者保健福利推動十年計劃（黃金計劃）」，希望以十年時間，奠定二十一世紀老人長期照護的各項軟體與硬體設施。該計劃引用「就地老化」的概念，促進居家服務員，到日常生活有障礙的高齡者家中照顧，還有短期照護、日間服務、居家照護支援、老人訪問看護站等服務，將學校的空教室轉為老人日間服務中心等。

臺灣高齡者的照護目標是以發展「在地安老」的方向為主，也就是高度強調社區與居家服務的重要性，這也是世界的主流想法。例如長照二點〇，提供居家服務，讓有需要的人可以請居服員協助長輩維持居家環境清潔、幫忙買菜煮飯等維護長輩日常生活品質。退休者若能夠在退休後參與社會活動，調整身心狀態，紓解內心空虛，將可避免退休後面臨終日孤單寂寞、無所事事、漫無目標而度日如年。延續著二〇〇五年的照顧據點計畫中，對於社區自主與參與的強調，並將社區營造精神與照顧進行結合的新工作方法，反映出社群主義將期望寄託在家庭、社區與志願性結社的主張，高齡人力資源再利用，將是解決缺工又避免資源閒置的重要關鍵。終身學習社會就是塑造「人人學習、處處學習、事事學習、時時學習」的社會。其學習的管道多元，學習的內容多樣化，而從服務中學習也是不可或缺的一環。

「就地老化」觀念，強調老人身心健康、生活照護的所有服務，都可以在社區內取得，不需要脫離原有社區、人際關係。高齡友善社區生活型態較具同質性的老人，居住於共同的生活空間，創造悠閒多樣的休閒生活為共識，透過參與社區多元豐富的學習活動，同享優質的晚年生活品質，達致活躍老化為目的。同時，針對高齡人口需求的商品與服務，將會不斷出現。比如，老人到醫院看病的現行制度，將會被取代。未來，由護理人員、職能治療師、醫師各種專業人事組成的社區照護專業團隊（community teamwork care），將應運而生。由於老人行動不便，專業醫護團隊可以先與老人住宅或在家老人約定時間，到家服務。老人不須奔波往來醫療院所，專業醫護團隊的服務更有效率。

如同美國社會工作協會（N.A.S.W.）定義志願服務為：「一群人追求公共利益，本著自我意願與選擇而結合的團體，稱為志願服務團體」（Barker，1988）。志願服務展現的是助人行為，其的目的在於對人有益，或者出於仁者的惻隱之心，或者激於義憤而見義勇為，或者由於習慣性的以助人為樂，或者只是在即刻的情境中，不假思索的伸出援手。志願服務為社會充權，社會可從志願服務中獲得可觀的經濟效益與社會效益。

志願服務是新的學習方法，新的學習管道，新的學習型態；配合學習社會的到來，志願服務開創了終身學習的新境界。志願服務是具生產性的活動之一，「生產性老化」主張在人口老化的國家，隨著老人人口數的增加以及平均壽命的延長，老人已逐漸成為志願服務成長的生力軍。爰，勞動部於二〇〇七年訂定的「高齡社會勞動政策白皮書研究報告」，透過友善職場與多元選擇，達到個人面向的五大目標：活力、自主、機會、參與及尊嚴及社會面向的五大目標：包括促成社會參與、提高社會品質、縮小社會差距、追求永續發展與落實世代正義。

從事志願服務以服務他人，達到實踐社會性參與、擴展人際關係、擴展生活層面的目的，例如結交朋友、接觸人群、填補生活上之空虛、消除心理上之寂寞。面對社會高齡化問題，積極推動各項社會福利，促使高齡者提升生活品質，更進一步充實老年生活，使他們能退而不休地參與社會活動為社會、社區貢獻一己之力，心滿意足地渡過晚年生活。

貳、志願服務與社區參與的功能

自二十世紀九〇年代起，面臨全球化、氣候變遷與人口老化所帶來結構性挑戰，再加上二〇〇八年金融危機導致經濟衰退，使得上述這些問題日益嚴峻，除動搖各國整個社會安全體系，嚴重人口結構老化亦造成未來各國公共財政支出沉重負擔，其所帶來的挑戰極為棘手。社區營造所主張的參與，指的是社區公共事務的治理面向，強調社區居民的意見表達，無論是透過公聽會抑或是參與整體社區變遷的過程，此部分的論述常與「賦權增能」或是共同學習結合在一起，認為社區居民能廣泛參與的條件，在於他們已具有相當之能力，並規劃屬於自己的公共事務。

先進國家近年來也以就地老化的觀念，制定、實施老人照護。透過社區的行動來提升鄰里連帶，增強社區意識，顯示社區意識的培養與提升，也是高齡者能有效與社區連結，願意參與社區生活，強化社會整合的重要因素。讓高齡者繼續有工作，對社區有貢獻，或是做他們喜歡、擅長的事，這不只是對健康延長有幫助，更是促進動機、增強自立能力的照顧指引與方向，他們是與社區共同生活、生存的一般人。社區成員基於認同更有意願參與社區活動，彼此間互動會增加，從而互相認知、熟悉，由此導致人與人之間的關係連帶增多、網路密度增加，有助於強化「社區社會資本」。原本人際互動會因人格特質和興趣取向、價值偏好等差異而有關係遠近之分，但由於有社區意識作為社區連結的紐帶，因此，社區成員便會基於關係連帶而有機地聯繫和整合在一起，讓個人能更融入到社區的生活裡。

「社區營造」所努力的的是一個「幼有所長，壯有所用，老有所安」的友善社區，是一種生活型態的創造——一個具有親和力、溫馨、友善、和諧、相互扶持，深富學習機能的社區氛圍，側重積極地滿足高齡者身心、醫療照護、社交、娛樂、教育等各方面的需求，開創一個優質的、適合民眾共同健康生活、休閒娛樂及文化教育的居住環境，不斷地凝聚與重塑社區民眾的生活觀與價值觀，強調居民共享實際的行動經驗，透過社區各種學習機制，深耕於學習活動與學習參與，而以追求個人活躍老化及社區永續發展為共同願景。隨著人口結構的快速高齡趨勢，社區營造可以從高齡者的尊嚴出發，設計相關措施，讓高齡者能夠有尊嚴、自立生活，以推展高齡者社區志願服務，著重的目標有：

表7-3：推展高齡者社區志願服務的目標

目標	內容
人力資源開發	1.獨立自主；2.營造和諧的社區關係；3.增進居民社交互動與歸屬感；4.發展有價值的角色等。
促進成功老化	1.協助高齡者自我實現，追求生命意義；2.促進高齡者自我成長；3.健康促進；4.促進代間接觸等。
推動社區關懷	1.營造充滿鼓勵、和諧的社區學習環境；2.發展為終身學習社區；3.文化傳承；4.全人健康照護等。
強化社會參與	1.落實高齡者社會參與；2.促進社會的發展等；3.提升生活品質與生活滿意度；4.持續社會化。

（資料來源：作者整理）

一九七四年聯合國世界衛生組織將社區定義為：「一固定的地理區域範圍內的社會團體，其成員有共同的興趣，彼此認識且互相來往，行使社會功能，創造社會規範，形成特有的價值體系和社會福利事業」。社區參與是居住在社區中的人們，有權力決定並自願參加社區中的一切事務，包括物質的、社區的，其目的在改善社區生活，達成社區共識。高齡者雖是社區關懷的服務對象，但更進一步，高齡者也希望能成為志願服務的主體，成為經營團隊的一員、成為健康促進課程的師資與志願服務人力，當然，也因此可以達成減少高齡歧視與成功老化的目標。Raw and Kahn（1998）對於「成功老化」的定義，強調成功老化為個體成功適應老化過程的程度，高齡者在老化的過程中，在生理層面能夠保持良好的健康和獨立的生活，在心理層面能夠適應良好，在社會方面能夠維持良好的家庭和社會關係，享受老年的生活。

志願服務在社會的發展是一個落實積極的助人工作，透過志工服務是有價值的概念，也激勵與強化了服務的動機，使志願服務使用單位正視志工的價值，給與尊重與專業化的訓練。使得照顧不再是家庭與專業照顧圈的事，社區各種資源一起動起來，例如超商提供了高齡者支援的場地；不再將失能、失智長者視為只是一個被照顧的人，而是思考能夠繼續為社區貢獻什麼。根據美國社會保險學者George E.Rejda對一般老年人的經濟問題作分析，認為老人經濟問題來源有：（徐學陶，1987）

1. 因強迫退休導致無擁有固定的所得引發的損失。
2. 因平均餘命的增加導致退休後生活期間的增長。
3. 因退休後的收入不足以維持其合理的生活水準。
4. 因健康不良增加醫療費用支出，導致經濟負荷。
5. 因財稅過重，導致在有限收入下無法負擔支出。
6. 因通貨膨脹，所引起各項生活費用支出的增加。

隨著出生率與死亡率的轉變，諸如幼齡人口比率漸降、勞動力成長速度減緩、高年齡人口大幅擴張以及老年人口相對增加等，年齡結構發生重大變化，對社會發展會產生顯著的影響，世界衛生組織於二〇〇二年提出「活躍老化」的觀念，並定義為「提升民眾老年期生活品質，並達到最適宜的健康、社會參與及安全的過程」，故當個體自工作場域退休後，透過社會參與以維持社會關係，是成功老化的關鍵性要素之一，其中志願服務的參與，不僅可讓高齡者參與社會，亦可增進個人的生理及心理健康，肯定自我及提升自主性，而高齡者豐富的工作和社會經驗，更是重要的社會人力資源，可讓其發揮所長，貢獻社會，增進社會公益。對高齡者志願服務的參與，大抵可概分為四個方面：

表7-4：高齡者志願服務參與的功能

項目	內容
個人	高齡者志願服務既可引導老人學習新知與新事務，提升適應社會生活與變遷的能力，且能激發潛能，尋回特殊才能，甚至是一個有生產力的專家，而不是一個被照顧者，使退休後的生活更充實，進而追求自我實現，發展生命意義。
家庭	可扭轉老人是依賴人口消費者的角色，且可成為社會的生產者，這時候，高齡人口比率高的意義，不會只被視為商機或是社會負擔，而是一個因人口結構轉變的社會進化，新生活型態於焉而生。發揮退而不休，體會參與的價值，享受教育機會，達成老有所用的積極性角色。
社區	新知識與技能的習得，使得高齡人力獲得開發與運用，有益於社區與社會，發揮社會功能及持續對社會的貢獻，倡導另一種照顧的新思維：「透過社區整體照顧的方法，達成社區共生的目標，讓每個人有繼續自立生活的機會。」可降低社會成本的支出。
社會	高齡者若老化適應良好，則其累積多年的經驗、技能、智慧等，將可透過多元管道的方式，將照顧從「他助」，發展成「互助」，進而「自助」，社會、社區整體一起投入能量，協助老年人延續生活經驗，追求自我進步及成長，貢獻於社會，促進發展。

（資料來源：作者整理）

人力資源管理是把人力當作重要資源，加以投資以發揮其價值潛能並以有系 統的方式發展各種人力取得、運用和維護的管理活動。二〇一五年聯合國通過二〇三〇永續發展議程的永續發展目標（SDGs），揭示十七項願景，其中包含了促進各年齡層福祉、倡導終身學習及促進和平且包容的社會等願景。人力資源管理是提升國家競爭力的重要一環，也是組織發展的重要因素之一。志願服務是促成高齡者社會參與、活躍老化的具體策略，體會自我新潛力，及培養新的興趣。因高齡者參與志願服務可以獲得心靈滿足、維持正向情緒，有助於自我價值的統整並邁向成功老化。經由參與及付出的過程，激發國人的社會責任感，且以專業的訓練及有效的管理，擴大志願服務的內容。

志願服務應具備專業的知能之外，專業倫理更是其中的關鍵，助人工作的目的就在提升當事人的福祉，助人人員除了對專業倫理的涵義與重要性要有所了解之外，更要能知行合一，在專業行為中實踐倫理的信念，表現合乎倫理的行為。對於助人專業倫理的落實而言，不同專業領域的助人工作者都應積極的推動、具體的實踐，方能彰顯各助人領域的專業性與責任感，維護專業品質、保障個案福祉。有效能助人者之特質：

表7-5：有效能助人者的特質

特徵	內容
自主能力	自主為心理上的自足，指的是助人者能夠將自己獨立於團體外的能力，志願服務形式在不涉及違反相關專業執照法規的前提下，在社區或社會福利機構，提供服務，在運用相關知識以協助求助的當事人時亦應謹遵助人專業倫理的原則以保護受助者的最佳福祉。
恆毅而為	助人專業中是一種相當耗費精神與嚴謹的過程，助人需要高度的「意志力」，它需要相當大的專注力和花費許多心理能量。志工用人單位的人力資源管理策略可型塑個人的志願服務經驗而影響其參與，提升對社會服務的意願。
倫理守則	所有的助人團體都有必須依循的倫理規範，但是依某些道德原則發展而來的倫理規範並不是每個人都會遵守。比如操守較不正直的助人者，平日與人交往便表現出不誠實的作為，便可能會置倫理守則於不顧。

（資料來源：作者整理）

高齡社會的每個人都要認知自己會活到很老的事實，並學習如何「與老共處」，規劃安排老人生活，面對高齡化社會的生活衝擊和生活形態。在先進國家將退休者視為人力資本，認為是社會生產力和資源再生的生力軍。因此，如何將這些健康的老人潮資源加以運用，形成高齡社會的新資源是重要且迫切的課題。發展成功老化、活躍老化的目標除了需要維持身體功能之外，心理和社會功能的提升更是重要的概念模式。老人若能在日常生活找到生活的意義感，參與社會服務便是成功老化的保證。

少子化加速了人口老化的問題，更加凸顯高齡社會的經濟發展問題和人力資源的需求。高齡化的社會老人持續增加，小孩不斷減少，年輕人的負擔更是越來越重，使得經濟成長率日益下降，所以有人以「從美麗新世界，到世界不美麗」來形容人口變遷的難題。高齡者自原有工作角色撤離後，若能對生涯妥善規劃，對生活的滿意度較高。二〇一五年公布高齡社會白皮書，以鼓勵高齡者參與志願服務作為促進銀髮動能重要具體方向。對高齡者而言，參與志願服務有助於減少看診的頻率，對整體健康維持是有幫助的。協助身心健康的長者投入志願工作，透過社區中已經成形的老人組織，擴充其休閒育樂之外的功能於社區的志願服務，使其能夠就近在社區中為其社區的弱勢族群服務，對社會不僅是一個有利的人力資源，對長者而言，亦間接改變普遍社會對老人的負面印象。

隨著愈來愈多高齡者願意投入志願服務，高齡者相較與其他年齡層者，容易受老化與疾病影響其體能及反應，例如在記憶力方面，容易因疾病影響導致短期記憶力喪失；或是在身體方面，反應及動作較為緩慢，因而無法從事體力工作；或是因生活年代、經驗的差異，不熟悉資訊科技的基本運用，導致行政文書處理心有餘而力不足。上述這些限制，可能會讓運用單位擔心運用高齡志工會影響服務品質，不可避免地，高齡志工的運用與管理值得運用教育方式，普及高齡教育資源，強化弱勢老人教育機會。落實終身教育體系，參考歐盟國家的「歐盟資歷架構」以及韓國「學分銀行」制度的概念，積極整合現有的終身學習資源與管道，並加強終身學習參與及成就的認證，將現有的高齡學習機會整合為具有不同等級、進階性的系統化課程，讓已經參與學習的高齡者能在不同機構中繼續進階學習，不必在原課程中原地踏步，也讓還未參與學習的高齡者有更充足的機會加入學習行列，以提升其服務品質。

許多現代老人退休後仍可擁有二十年的歲月，在這漫長而悠閒的日子，若不能調適或克服本身生理、精神的自然衰老、家庭與社會結構的變遷、經濟資源的減少、人際關係的疏離等困境，則在「長壽」的同時，亦需要忍受孤寂、貧病、社會隔離……等無奈，對老人、家庭或社會均是沉重的負擔。從生命歷程看，應將社會參與視為職場生涯規畫，提前準備。在公民社會中，志願服務組織使個人與社會獲得連結，志願活動讓個人發展與公民訓練同時並進，讓個人增權賦能，從參與及學習中去經驗，同時進行服務。歐盟、奧地利等國擬訂支持不同職業的年長者計畫，協助積極參與社會。應鼓勵在志願服務方面，適度打開在職兼任民間公益職務及第二專長限制，藉志願服務回饋政策創新成就感，並幫助弱勢，安定社會。是以，社會福利滿足高齡者的參與需求，高齡者也可以對社會福利服務有積極的參與，高齡者不僅是受惠者也是貢獻者。

參、志願服務與社區營造的作為

二十世紀九〇年代起，終身學習理念已引起世界各國的熱烈迴響，而在老化社會與終身學習時代同時來臨之時，國際間將老人教育和終身學習，視為二十一世紀教育的重要發展方向，以優惠的措施或結合社會安全制度，鼓勵弱勢高齡者們走出家門，參與學習活動。讓國民在有需要的時候，隨時能回到正規教育的學校或是非正規教育如社區大學等各式學習機構中，吸取新知、提升知能，擁有與時俱進的競爭力。老人教育的促進成為各國政府解決人口老化之道，藉由再社會化的過程，使身心健康尚佳的老人再投入職場，彌補市場生產人力逐漸短缺的問題。

面對高齡化社會的衝擊，不能只侷限於對於高齡者的照顧，我們需要創新概念以建立一個適於高齡社會的新思維。如同Coleman（1986）提出：「人與人的關係存在著特定的利益，為了達成自己的利益會透過人與人間的互動彼此進行資源交換，進而形成社會關係，這些社會關係是一種社會資源，而這種社會資源即是社會資本。」在高齡社會中，協助高齡者重新發現自我價值；重新界定高齡者角色、價值與定位，協助長者創造價值，以擁有美好的生活，讓發揮他們的智慧與生命經驗，成為社會的傳承力量，拉近代間距離，創建代間「傳承」的平臺。

從人力資源開發與運用角度來看，「有事做」或「被需要」可使一個人自覺對他人有貢獻，因而提升自我價值感。高齡者是具備豐沛人生歷練，投入志工行列，將有助於個人從職場退出後的轉

表7-6：高齡志工社區參與的價值

特徵	內容
目標 Purpose	高齡者多不願喪失社會的角色，主張老人越是積極參與有意義的社區活動，老化會越慢。所以在中年期的種種活動和交際，應儘量的給予繼續或延長。幫助長者找到他的生命目標，知道社區有很多有意義的活動，就會有動力走出來，進而找到生命目標。
熱情 Passion	老年人從工作崗位退休後，若無適當的活動來填補心靈上的空虛和精神的孤立，容易加速身心的老化，每位長者都有不同的興趣跟熱情，幫助長者找到他喜歡做、擅長做的事情，使長輩活得長壽、活得健康、還要活得有價值。
收入 Paycheck	老人參與團體活動能增加其社交、休閒、社會支持的機會等，這些均是能使老人持續一種活躍的生活方式、減少孤寂與情緒反應，並享受充實愉快的生活。除了有意義、有價值，且長者喜歡做、擅長做之外，也能在工作當中有收入，讓高齡者積極參與社會成為社會一個新的人力資源。

（資料來源：作者整理）

衠，並有利於整體社會人力資源的維繫。高齡志工閱歷無數，人生經驗豐富，作為關懷者、支持者時，能給予服務對象一股穩定、關懷及溫情。鼓勵服務對象增強自我照顧的能力，使其感受到既溫馨又有尊嚴。是以，群策群力，共同為營造高齡者人生新舞臺而努力，以「活化高齡志工，創造高齡友善社會」作為，拓展志願服務的參與年齡層，彰顯志工行列是人人可加入，不分性別、不分年齡，更不分領域的全民運動，推動高齡志願服務工作，能為高齡者打造人生的新舞臺。

一、歐盟

許多高齡者退休之後仍需面臨經濟生活的壓力，或是需有經濟自主能力，若能再投入社會且有收入，才能使老人有安全感並生活無慮。而「EUROPE二〇二〇策略」將以智慧型成長、永續型成長和包容型成長為策略目標之主軸開展，期望將棘手高齡人口結構問題，轉化為經濟成長動力。

表7-7：「EUROPE二〇二〇」高齡者人力資源的運用策略

類型	內容
智慧型成長	發掘創新的就業彈性方法，讓高齡人口延長就業年限。
永續型成長	支援高齡人口維持健康及足以就業狀態。
包容型成長	提供更多就業機會選擇。

（資料來源：作者整理）

二、美國

管理大師彼得杜拉克（Peter Drucker）在「後資本主義」一書中指出，未來社會有兩種需求一定會不斷成長，一種是傳統「慈善救助」的活動，一種是「社區改造」與「人的提升」的服務活動。

表7-8：美國高齡者參與社區工作

方案	內容
經濟機會法案（Economic Opportunity ACT）	一九六四年訂頒其中的社區行動計畫（Community Action Programme）、開辦養父母計畫（Foster Grandparents），僱用六十歲以上老人看護失依兒童。
退休資深義工計畫（The Retired Senior Volunteer Programme）	一九七一年起提供老年人於殘教養院、兒童中心服務。
老人社區服務就業計畫	一九七五年，規定在各社區中為合格老人創造新的工作機會，優先雇用合格老人擔任社區服務工作。

（資料來源：作者整理）

參照美國方案可看出，係由政府提供經費，輔助公私立非營利事業機構，進行老人人力運用的安排。鼓勵受助老人接受社區部分工時的工作，產生極大的效益。

三、英國

英國的Age UK是一個關注長者老後生活的服務機構，在二〇〇九年由兩個非營利組織Help the Aged與Age Concern合併組成，是英國最具規模的銀髮族服務組織。當我們談到照顧，都還停留在技術和手段：怎麼翻身、拍背，包尿布；英國在面對高齡者時，看到的不只是他們的醫療需求，更多是他們的社會和心理需求。為了打擊孤獨，他們強調透過各種服務為長者建立連結，唯有建立社會連結才能有健康的心理和生理。

Age UK成立了整合照顧服務部門，希望成為政府和民眾間服務與需求的連結點。而他們最重要的突破，就是引進訓練有素的「志工」成為整合服務的串連者，也因此大幅提高了病人和使用者的滿意度。由受過訓練的志工，定期透過電話或面對面拜訪的方式陪伴長者，話務中心每年撥出超過三萬通電話給獨居長者，提供基本的支持，有效改善社區中許多獨居長者孤獨的問題，促進獨立。

四、日本

日本最常提出人口老化問題的解決對策，日本為不同身體狀況的老人，設計不同類型的照護方式，比如失智症老人，就有專門的治療、照護策略。除提高婦女就業率，將部分工時者納入年金制度之繳納保費範圍，對老年人的延後退休則獎勵企業雇用等。對老年

表7-9：日本高齡者人力資源的運用

特徵	內容
居家服務員	從老人俱樂部的會員中選取合適者，在接受一定訓練後，成為居家服務員。採按件、按時計酬方式實施，可為直接與社區人力運用相結合。
銀髮人力中心	是由一群退休人員所組成、經營，而由勞動省負責監督、管理。在人口每超過十萬人的城市，就設立一個銀髮人力中心，可直接供應工作機會給會員。因由官方監督、控管，在品質、制度管理上較佳，另方面，係以人口數量作為設立的標準，正符應以社區生活圈為建構的理念。
老人社會服務團	是一種老人志願服務團體，以市或町為單位組成。設立的目的主要在運用退休老人的專長或經驗，展開對社區的服務活動。這種類型係以高齡者為核心的社區高齡人力資源開發的理念。

（資料來源：作者整理）

人力資源的開發與運用都相當積極，也希望藉此解決經濟成長率問題和退休養老制度的改革，因此對於老人的學習和教育的投入及老年政策的制定都不餘遺力。

五、法國

隨著壽命的不斷延長，法國於一九七三年首創「第三年齡大學（University of the 3rd Age）」，以教育老人為目的，現今全世界超過三十幾個國家設有老人大學，經營型態有的附屬於正式大學，有的獨立設校，有的附屬於社會團體。協助老人身心平衡發展，並可做人力資源的開發、運用。「第三年齡」是人生中一個既自由又獨立的黃金歲月，這個階段的人士不需要照顧別人，也不需要別人照顧，他們有著健康、活力及時間去做自己喜歡的事情，故在面對人口老化需求和多元化學習階段，如何積極引導老人學習興趣，為老人學習內涵和社會參與做好準備與行動，提供更佳的服務策略，是高齡社會應有的新思維、新作為。建構一個適合高齡者終身學習的社區環境為主。透過學習機會的普及、學習資訊的普及、學習資源整合等目標之達成，期使社區高齡者擁有更舒適、方便、有利的生活環境。

「時間銀行」是在獎勵從事社區營造與社會服務方面之志願服務工作的一種輔幣記帳制度。它是一種社區貨幣，目的在將無償的工作所付出的時間轉化為有價的商品，同時藉由志願服務互助建立社會資本，與藉由同時提供與接受協助進行時間儲蓄，也是人力資源的充分運用。從高齡者參與志願服務來看，老年人在退休後參與社會活動能夠增加其自我概念，降低意志消沉，並能重建其退休之後老所失去的社會網路。所以老人退休後，仍可以繼續從事社會參與，這樣可以減少老人退休後心理的孤寂並且減緩老化。積極維護老人尊嚴與自主，形塑友善老人的生活環境，強化老人身體、心理、社會參與的整體照顧，使老人得以享有活力、尊嚴與獨立自主之老年生活。

無論是WHO提倡的「活躍老化」或是日本強調的「終身活躍」，皆打破年老貧病的孤苦形象，積極鼓勵當地企業與公民的參與，使得高齡友善成為社會的共同意識，度過健康又富足的人生。志工是重要的社會資產與人力資源，面對高齡化與少子女化，志工人力的開發與永續，益形重要。透過不斷的學習，即使老了也不停，即使退了也不休。這是我國邁入高齡社會過程中，社會和諧進步的具體目標，也是高齡者經由學習，追求健康教育，尋找自主尊嚴，並能積極參與社會的最佳方式。

「社區」的形成，其基礎主要在於居民共同體意識的建立，社區發展是一種以和平的手段通向現代化的一個很好很正確的途徑。在高齡社會裡，如何讓老人過著健康、安全、活力、尊嚴的生活成為政策關注的議題。志願服務是創造美好社會的積極力量，也是發揮創意及正向影響力的具體行動。「建立社區照顧系統」，許多高齡者各行各業都學有專長，在退休後參加志工，藉由社區提供服務給老人，能促進老人生理、心理健康並拓展社會關係。不僅可繼續服務社會，也能和人群保持互動，讓身心靈都過得更健康。

肆、志願服務與社區參與的推展

在現今資訊化的時代，腦力取代勞力，高齡者仍能夠藉由工具，繼續扮演生產者的角色，使整個社會型態有很大的改變。將高齡人力當作一種資源，就必須加以分析高齡者本身的優勢和能力，了解其協助體系及資源為何，再規劃、設計、管理及再教育，才能真正發揮其價值及潛能。高齡者政策，需要創新思維，轉化福利、養護與消費的消極觀點，積極看待高齡者的教育、資源、生產力及志願服務的問題，尤其以一九九九年聯合國所訂定的「世界老人年」所公布的「國際老人人權宣言」所歸納的生存、勞動、參與與教育等賦權，因此，讓高齡者成為良師的角色，傳承其經驗與智慧，猶如站在巨人的肩膀上，我們的社會必定得以更進步。志願部門結合大量的人力資源，使志工的熱忱得以充分發揮，讓社區中需要幫助的人，獲得最及時且最適切的幫助。

社會資本強調的是：個人或家庭在日常生活互動中所展現的資產，例如伙伴關係（fellowship）、善意（good will）與同情心（sympathy）等。社會資本是一種真實或潛在資源的總和，這些資源來自於長期穩定的網路人際關係，它是所有成員所共同擁有的，所有網路成員皆可利用這些資源。

面對高齡人口不斷增加的趨勢，世界衛生組織於二〇〇二年提出「活躍老化」的核心價值，建議高齡者擔任志工是持續社會、經濟、文化及公民事務很好的選擇。從人力資源發展角度觀察，高齡者如果適應良好，具有豐富的人生閱歷，優質的專業知能，將是社區最重要的資產，能為社區凝聚穩定的力量，且能創新發展，「高齡志工的開發與運用」成為當前拓展志願服務的重點工作之一。由於健康和經濟條件的改善，從事志願服務的高齡者已漸漸增加，高齡者服務社會和高齡者服務高齡者的情形也越來越多，在高齡社會中，年齡不是問題，如何「成功老化」才是重點。

社區應將高齡者相關需求納入整體考量，建置合宜妥善的軟硬體設施，是重要的。其中，對大部分健康長者而言，社區中豐富多樣化的學習機制，讓高齡者能擁有參與機會，參與學習活動，將可延緩老化，對健康的促進，有莫大的俾益，進而增長健康期，成為活躍老化的長者，在社區終老。如同我國於二〇〇五年提出「臺灣健康社區六星計畫」，透過貼近社區居民的生活，並以在地人提供在地服務，廣泛建立社區照顧關懷據點，期望打造可以自主運作且永續經營的社區營造模式，並企圖將全臺灣的社區打造成健康社區。建立社區照顧關懷據點計畫，提供社會團體籌辦的誘因，主要是為了鼓勵社區自主參與初級預防照護服務工作，結合當地人力、物力及相關資源，提供在地老人預防照護服務，以實踐在地老化。

高齡者是一群值得開發和運用的人力資源，尤其是健康而有服務能力的高齡者，志工雖然是服務性質，也需要專業訓練，服務才會到位。在少子化、高齡化的今日，初老照顧老老將是未來必然的趨勢。除了招募熟齡志工外，有「互助」方案。服務多年的志工若需要他人協助，可以申請服務，讓其他志工或居服員照顧自己，真正實踐「老老相扶」的精神。而年長長輩因為注意力、體力、視力、聽力等因素，「參與專業訓練是很大挑戰」。在志願服務事業上更是能具有貢獻及擁有被開發的潛力。

隨著醫學的進步，人類的壽命越來越長，然而，對於老年生活的想像，人們多半充斥著負面的刻板印象，往往夾雜「老花眼鏡、假牙、外籍看護」聯想在一起。不過如果可在邁向高齡之際，利用累積的人生經驗，加入志工行列，一方面除了幫助需要幫助的人，另一方面更可增加個人的視野與生活觸角，在志工服務中，找到人生另一個方向，為人生的再度展現生命熱情。高齡者人力資源的開發可透過持續的教育訓練實達到社會發展的要求，並能達到經驗智慧的傳承。對運用高齡志工投入服務的建議，讓高齡者體認自我價值，提供活到老，學到老；活到老，做到老的主導權，將發揮高齡志工最大的功效：

表7-10：高齡志工社區參與的功效

特徵	內容
豐富生活	高齡志工的優點在於接受老人的互動佳，人盡其用，善用高齡志工的特質；參與志願服務，把握學習機會，豐富老年學習生活。
肯定自我	受制於自身體能的限制，調整服務的方式；高齡志工遇到服務面的問題，以樂觀的正向思考、肯定自我服務的價值，找尋實際解決的方法，如求助可解決問題者、調整服務方式、參加培訓課程增進知能，增加自己持續服務的動能。
心靈提升	改進志工管理方式，以投入服務的熱誠與持久力，依照不同高齡志工的特質做人力分工，包含社工和志工的職能分工、表達對每位志工付出的感謝。
社會引導	開發潛在高齡志工，指需要幫助新進高齡志工克服情緒困擾，以及挑選合適的高齡志工，需要志工督導多些心思溝通、理解其個別的服務情況，給予關懷。

（資料來源：作者整理）

WHO提出活躍老化政策架構，建議高齡者擔任志工是持續參與社會、經濟、文化、及公民事務很好的選擇。志願服務係國際潮流，也是衡量國家進步指標之一，各國政府莫不重視志工。志工雖然是服務性質，也需要專業訓練，服務才會到位。做志工最大好處就是可以接觸外面的世界，與許多人交朋友，生活就會非常充實、愉快。

結語

從社會觀念來看，傳統社會對於老人的刻板印象就是「老弱殘病窮」，老人就是社會上的弱勢族群，需要協助與照顧。這樣的刻板印象，致使長輩會因為消極負向的社會期待而自我弱化，忽略了自己其實對社會仍有能力、能有貢獻。高齡者社會地位的失落是因高齡者社會角色的轉變，故高齡者應拋棄刻板印象，以新角色代之，而高齡者參與志願服務工作為新社會角色扮演的型式。

推動正向積極的老化觀念，建立高齡社會的新圖像是帶動高齡社會正向發展的重要課題。社區參與學習是一種公民教育，也是一種社區意識。公民社會強調社會上的每個人除了在維護個人權利與自我私利的考量外，也要知道身為公民應有的義務與責任，應在社區形成一個民主法治、人人積極參與的公共領域，讓社區民眾透過溝通、理性批判與協商達成社區共識，發揮社區行動的力量，促使公民社會的實現。

第八章　高齡者志願服務與社區長照

前言

活躍老化是高齡社會的目標，如何讓高齡者在晚年過有意義的生活，便成為重要的課題。「在地老化」就是讓老人家在自己熟悉的環境終老，與我國傳統「落葉歸根」的概念相近，所以「在地老化」十分適合在推動。人類作為一社群物種，人與人之間自有許多共同生活的必要的互助行為。利他的精神與準則，以「敬天愛人」作為思想核心，人生的意義在於心靈修鍊。

社區照護的主要精神，便是透過對於正式部門與非正式部門資源，包括家庭、照顧者的親友、鄰里、非營利組織、企業等的運用，來達到為需求者提供照顧之目的。人類之能在自然競爭中生存，以至能超出其他物種而成為最優異的競爭生存的物種，與人類能群體合作有很大的關係。高齡志工參與志願服務工作因參與動機多重且兼容並蓄，所以其志願服務之目的顯得多元化，高齡志工並藉由正式志工培訓、在職研修、經驗學習、觀察學習，及「做中學」的過程實踐「學中悟」，藉由參與的體現豐富學習的內涵，並以其無私無我的付出影響親朋好友，因而帶動社區其他居民投入志工行 ，促成許多周邊效應成為眾人學習的典範。

壹、高齡社會的長照對策

「下流老人」顯示「貧困老人」已是一個專屬於高齡社會的議題；然而，「貧困老人」是與整體社會及各世代緊密相連，是攸關整體社會能否存續的嚴苛挑戰，要扭轉「貧困老人」的困境，其關鍵在於「翻轉貧困處境」及「建立社會網絡」等。若與「社會參與」制度的功能相對照，可發現無論是翻轉處境或是建立社會網絡，都是「社會參與」可發揮之處。透過參與高齡志願服務活動，回應社會情況等相關的認知能力，能持續增長，延緩心智老化。

當生命步入老年期，身體功能的退化不僅影響自我的行動能力，造成老年人無法盡情的享受晚年生活。高齡志工年齡範圍廣、個體差異大，絕大多數高齡者是身體健康無虞的；再者，高齡者的

表8-1：克服貧困老人的方法

原因	內容
延緩老化	因應快速變遷的社會情勢，終身教育的制度，也能提供人們持續更新知能，脫離功能性文盲，擁有與時俱進的競爭力，對自身不同階段的生活挑戰，能有更好的準備。
參與學習	高齡者能有規律、持續的走出家門與活動身體的機會，延緩生理老化，參與學習透過學習中的訊息刺激，讓「晶質智力」，也就是與一般常識、語文能力、技能運用、問題解決。
人際網絡	讓高齡者的生活變得更為充實，並形成同儕朋友間的支持網絡，有助於消弭如意志消沈、情緒低落、自信低落的心理老化現象。
志願服務	有助於鼓勵或激發高齡者踏入志工領域，為社會貢獻己力，也與社會建立起更積極、緊密的連結。有助於解決發展任務需求，提高生活品質或發展智慧。

（資料來源：作者整理）

人生歷練與氣度也可能是他們的優勢，包含更有耐心學習、樂於與後輩相處等，或是過往職涯即是各專業領域的佼佼者。因此，讓運用單位從了解高齡志工特質開始，進而教導運用單位以優勢觀點取代視高齡者為依賴者的視角，關注高齡者的優點或發掘其專長，以促成高齡者重返社會服務，並從過程中達成自我實現的目標，是努力的方向。

「在地老化」理念源起於一九六〇年代，世界主要國家的老人照護政策，均以在地老化為最高指導原則，認為老人應在其生活的社區中自然老化，以維持老人自主、自尊、隱私的生活品質。臺灣地區從二十世紀九〇年代開始，推動在地老化法制化，在邁入高齡社會，能降低機構式服務的使用，轉而投入居家支持服務設施的發展，希望支持更多的老人，留在習慣熟悉具有人際網絡的社區，落實在地老化社區安養的目標。

彼得杜拉克就曾預言，二十一世界許多先進國家的社會保險與退休制度都將崩潰，大多數人可能要工作至七十五歲才能退休，故經濟合作暨發展組織（Organization for Economic Cooperation and Development，OECD）各國推動的改革方案，包括：延後提前退休方案之退休年齡、減少失業、就業、限縮提前退休管道等，以提高中高齡的勞動參與率，降低人口老化對勞動供給的衝擊，並舒緩政府財政壓力。觀察以社會福利見長的英國，早於一九七五年進入高齡社會，於面對上述這些挑戰，英國在資源和經費緊縮的情況下，藉著跨界協力，整合資源，從使用者角度出發，發展出各式服務方案，同時關注品質的監測，為長者提供更好的服務。

現代大社會的環境狀況正面臨人口結構朝向高齡化及少子化變遷，且相較其他國家，我國高齡化的程度更為嚴峻，未來面對少子化之因素，將衍生出勞動人口將逐年減少。如何審慎因應人口結構的快速改變，規劃改善未來勞動力及生產力可能產生的缺口，已屬刻不容緩的議題。長者需要的，不是更多的醫療、藥物，而是「幸福感」，這來自於用心陪伴、更多的社會參與和連結、更多機會幫助他找到生命意義，燃起「想要為自己而活」的響往的照顧夥伴；這類照顧夥伴不是高學歷的各式醫療專業人員，而是懂得同理的個人獨立工作者和充滿熱情、願意付出時間和精力的志工。

志願服務培養一種「受惠得益」，「自利利他」的體現，認為「受惠得益」，「自利利他」是「以目標驅動的思維方式，例如：思考要成為世界上最好的人應重新定義要成為世界最有用的人。」長者不但可以利用個人得益作為動力，還可以找到對自己，他人，自然和未來有所幫助的價值。志願服務落實老人福利服務內容如下所述：

表8-2：志願服務參與老人福利服務項目內容

項目	內容
生活照顧	包括在宅服務，提供家事及文書服務、陪同就醫、生活指導及關懷服務……等服務；居家看護服務，提供諸如心理協談、家屬溝通、居家環境衛生處理、服藥安全與飲食、復健、翻身、叩背和視病況需要作必要處理……等服務。
療養服務	協助已有輕微健康問題與疾病的個人減少健康問題與疾病所產生的症狀和影響，同時也幫助控制健康問題與疾患，以避免病情變得更加嚴重。
托老服務	日間照顧，提供簡單護理、餐點、諮詢，交通接送服務及舉辦各項老人文康、娛樂、研習、進修活動。

項目	內容
關懷支持	懇談專線，信函處理、文康活動、訊息提供、法律、醫療保健諮詢、家庭生活協談……等服務。

（資料來源：作者整理）

實現在地老化的前提，在於社區含有足夠的社會資本，形成互助互信網絡，建立有效的資訊通報和資源媒合機制。在現代科技快速發展的文明社會中，人與人之間的相處不若以往，人際關係疏離，如何讓長者能夠樂於去幫助別人，並做出適當的行為，是高齡社會發展的方向。

透過志工服務，高齡者能維持身心健康，持續參與社會，並形成社會支援網絡，成為有能力、獨立自助與互動的健康群體，活出自信、尊嚴、健康與喜悅，有助於減少家人與社會對於高齡者的龐大醫療、照護支出，以及由於相關社會問題或負面事件而付出的社會成本。打造適合在地老化的社區需透過居民的主動參與來實現，因為在地人熟知在地問題，關鍵在於激發社區責任並主動投入在地事，共同設計因地制宜的活動方針。讓每位長者成為「我為人人，人人為我」的美好體現，這是志願服務結合在地老化的核心價值。

貳、高齡社區長照的需求

志願服務的基本理念是對周遭事物的關懷，個人內在自我覺察，反應社會需求，具有理想主亦傾向，非勉強的參與，而是自由意志的抉擇，而是有心的服務，是事實求是的社會參與。在志願服務領域，期盼能促進服務效能，是透過教育訓練及引導的過程，以提升高齡志工服務的能量和品質，保障受服務者的權益。成功老化與社會參與有著密不可分的關係，高齡者參加活動的過程中也是一種社會參與，當然也會因為年紀和健康等等的因素，而阻礙在社會參與的機會和能力，而社會參與更是健康促進的一環，不論參與正式或者是非正式的活動，也不論社會參與的種類，對於高齡者來說，都在豐富其生活。

長期以來，不管從理論層面或實務層面發現，「家」是我國養老的首選場所，不管被照顧的老人或提供照顧的子女都期待「以家為中心」照顧方式。隨著家庭的變遷，家庭的結構已無法滿足傳統以來，自出生至終老的功能。而擴大「家」的概念，將家展延到社區，社區一家親，以社區為互助活動的範圍，當前推展的社區照顧關懷據點的目的就是要重拾昔日鄰里村落守望相助的精神。大部分老人對於理想養老的居住型態，都是希望與家人同住，希望住在熟悉的社區網絡度過晚年，故老人的居住安排，家庭式或社區式都是國人優先選擇養老的居住考量，即使需要機構式照顧也必須提供宜家、宜室的溫馨模式。

「社區」是家庭之外的最小單位，能讓長輩在社區中找到一個「家」，是最合適不過的。「社區照顧」的概念是由英國引進臺灣，社區照顧指由社區提供照顧給社區中需要幫助的人，需要幫助的人包括老人、身心障礙者、精神病患者、學習障礙者，給予人民對自己的生活方式及所需之服務，有較大的機會。社區照顧中有些服務措施是可以由志願工作者來提供，志工是建構社區照顧服務網絡的重要環節，從事一些非專業性的工作，秉持犧牲奉獻的精神，不求報酬，提供助人的作為。

以「活躍的社區（active community）」的理念，倡導的「在地老化」，指的就是讓老人在自己熟悉的環境終老，讓社區照顧關懷成為長者健康樂活的補給站，透過社區的互助，找回溫潤的人性，開啟了彼此關懷的新生命力。是以，政府陸續推動多項政策及措施，如：

二〇〇五年起，「社區關懷據點」是由有意願的民間團體參與設置，邀請當地民眾擔任志工，一開始主要提供老人「餐飲服務」、「關懷訪視」、「電話問安、諮詢及轉介服務」、「健康促進」等各項服務。

二〇〇七年「友善關懷老人服務方案」第一期計畫，以「活力老化、友善老人、世代融合」為三大核心理念，落實在地老化的政策目標；並鼓勵高齡者參與志願服務，以善用其專業與經驗。

二〇一三年第二期計畫，揭櫫達成「健康、在地、智慧、活力、樂學」五大健康老化目標，規劃執行策略與工作項目，期盼藉由政府與民間共同合作，提升老人友善服務。

以提升老人的健康促進與社會參與，翻轉過往「老人需要被幫助」的負面刻板印象。年長者不是社會負擔，反而是推動社會進步的一股穩定力量，成為推動社會公益最重要的人力資源之一。

當生命步入老年期，生活易隨著年紀的增長而停滯，身體功能的退化不僅影響自我的行動能力，對於心理層面亦面臨打擊，造成老年人無法盡情的享受晚年生活。推動志願服務和社會參與，具有多重功能，如促進心理、情緒、生理各方面的健康，達到成功老化之目標。而老人具有豐厚的社會資本，是建構互惠與合作的社會網絡、規範、與社會信任的基石，而社會資本的核心理念認為社會網絡是社會的重要資產。邁向高齡社會以追求健康老化的目標，達成四大願景：

表8-3：高齡社會以追求健康老化的願景

特徵	內容
健康快樂	促進老人的生理健康、心理快樂，使老人享受健康快樂的生活。
終身學習	保障老人終身學習的權利，使老人享有終身學習和成長的機會。
社會參與	鼓勵老人社會參與、世代參與，建立老人的自信心，肯定老人的自存在的價值。
自主與尊嚴	尊重老人的自主權、維護老人的尊嚴，滿足老人自己想要的生活型態與應有權利。

（資料來源：作者整理）

長者有廣泛的需求，他們需要一些不同的支持形式，以便能過著完整且獨立的生活，包括在自己家裡過著獨立的生活，以及完全參與社區生活和廣泛的社會網絡。在高齡人力資源的實際措施觀察，可發現社區是最主要的介面，就社區而言，社區居民的品質與能量決定了社區的型態與發展。因而，使用者和照顧者必須要以個體接受處遇，隨著有個別的需求，服務必須要能充分地感受和彈性的反應其需求。長期照顧專業化，固然提高了服務的效率，但是注重專業化後，無可否認的容易以專業的眼光應為各項需求。而志願服務者因無專業的束縛，可提供人性的服務，有時反而給人溫暖、親切的感覺。

社區的人力資源發展即係以社區為對象，透過整合、運用、訓練、教育、發展等方式，進行有系統、有計畫地活動，藉以提升社區居民品質或促進社區組織運作效率的作為。老人社區志願服務就是把老人的餘暇時間獻給社區中需要幫助的人，高齡志工的服務工作內容多樣，以直接性服務為主，社區應考量社區老人的個人特性設計活動，破除社區老人為低參與者的迷思，以增強社區老人對社區事務的瞭解，掌握社區的脈動，以提高社區老人的社區意識。

由於在地老化是多數高齡者的心願，所以，政府多項政策的規劃，也將以社區或鄰里為主要推動者。可以想見，未來以社區為單位的活動將日益熱絡。社區關懷活動及志願服務也將更加普遍。可推動的工作包括：結合各項資源，提供關懷訪視、電話問安諮詢及轉介、餐飲服務和健康促進等。社區志願服務者利用各種機會擴展示視野，以及與外界交流接觸和吸收新知。這群力求精進的社區志願服務在高齡社會更顯重要，是社區進步及提升生活品質的動力。

在地老化是文化的原因，也是經濟的理由。它符合風俗民情，生活習慣。文化的理由是適應的理由，適應得好，對老人來說，比較健康，比較不需要那麼大的變動。高齡志工可在社區的群策群力中，發揮所長，提供新穎且富有意義的服務，成為多元服務的提供者。高齡志工發揮所長，樂在服務。依高齡志工專長適才適任以外，也可依各類別服務需求，加以訓練，提升高齡者能力，進而安排適合之工作。

參、高齡社區長照的對策

社會資本的重點在於適當的關係鑲嵌（embedded）和整體的

關係網路，此關係可以是個人與個人間，也可以是群體與群體間，這是社會體系彼此間的連結型態，透過這些所連結的人脈網路，去影響或達到欲從事的目標、目的為結構面的主要概念。以「社區」為名的各種措施陸續成為政府的施政核心後，行政單位間原本各自推行包括健康福利、產業、環境、治安、教育與文化等性質分歧的業務，突然間找到了一個共通點，「社區」成為各方力量與資源匯集之處，走入「社區」似乎成為解決當前各種社會問題之萬靈丹。高齡化對社會影響層面極為甚大，諸如照顧需求增加、醫療費用上漲、獨居者增加等；近年社會經濟變遷婦女外出工作增加、少子化人口結構改變導致家庭照顧功能式微、國家財政困難，因此，老人照顧議題已成為政府及民間關注的焦點，需更多長期照護規劃、執行措施，方能實落實老人照顧福祉。

在整體的政策發展過程中，社區照顧逐漸地發展出「由社區來照顧（care by the community）」的特色，從政策的實施策略亦可發現，政府並不直接負起服務供給者的角色，除了現有以契約委託志願部門與市場提供的照顧服務之外，著眼的是藉由制度所帶來的誘因（提供補助），以鼓勵社區組織（包括志願部門與社區部門）承擔政府面對人口老化等社會問題的照顧責任，這反映出政府受到人事精簡與財務困窘的結構限制，導致其難以擴充公部門的規模，亦同時呈現出社群主義所強調公民義務（obligation）而非公民權利的理念價值。

為因應快速高齡社會變遷的需求，綜觀全球老化趨勢明顯的國家，均強調以「在地老化」為目標，發展替代機構照顧方式，將服務輸送到老人的家裡，協助老人能繼續居住在其熟悉的家中的方式，使老人能由家庭或在社區中獲得到尊嚴、舒適、即時、便捷的照顧。爰此，聯合國大會在一九九一年通過的「聯合國老人綱領」提出了五個要點：

表8-4：聯合國老人綱領

特徵	內容
獨立	1. 老人應有途徑能獲得食物、水、住屋、衣服、健康照顧、家庭及社區的支持、自助。 2. 老人應有工作的機會。 3. 老人在工作能力減退時，能夠參與決定退休的時間與步驟。 4. 老人應有途徑獲得適當的教育及訓練。 5. 老人應能居住在安全與適合的環境。 6. 老人應儘可能長久的居住在家中。
參與	1. 老人應能持續融合在社會中，參與相關福利的政策制定，並且與年輕世代分享知識與技能。 2. 老人應能尋找機會來服務社區與擔任適合自己興趣及能力的志工。 3. 老人應能組織老人的團體或行動。
照顧	1. 老人應能獲得符合社會文化價值、來自家庭及社區的照顧與保護。 2. 老人應有途徑獲得健康上的照顧，以維持身體、心理及情緒的水準，並預防疾病的發生。 3. 老人應有途徑獲得社會與法律的服務，以增強其自治、保護與照顧。 4. 老人應能夠在人性及尊嚴的環境中，適當利用機構提供的服務。 5. 老人在任何居住、照顧與治療的處所，應能享有人權和基本自由，包含了對老人尊嚴、信仰、需求、隱私及決定其 照顧與生活品質權利的重視。
自我實現	1. 老人應能適當地追求充份發展的可能。 2. 老人應有途徑獲得教育、文化、宗教、娛樂的社會資源。
尊嚴	1. 老人能在尊嚴和安全感中生活，自由發展身心。 2. 老人應不拘年齡、性別、種族、失能與否等狀況，都能被公平的看待。

（資料來源：作者整理）

老人社會參與的目的，即在於擴增老年人知識與技能，以增進其應付問題與適應社會的能力。藉由社區組織，學習營造健康社區的方法，透過相互關懷，重建鄰里互助的優良習俗，期能提升社區參與，落實社區健康管理，全面促進社區居民身心的健康，同時因應高齡化社會所必須面對的老人長期照護需求的挑戰。

隨著社會醫療科技的進步，老人的平均壽命也愈來愈高，老年期約占整個人生的三分之一，所以「老」已成為人生的常態，也是社會的常態，既是常態，老人就不一定是個「問題」，而應只是「議題」，因此如何帶動長者的教育、休閒，因應現實社會生活的需要，是高齡社會的發展要務。

「社區照顧」的概念是「在他家」或「他的社區」或「他熟悉的地方」老化，社區照顧指由社區提供照顧給社區中需要幫助的人提供者包括正式與非正式部門，正式部門是由政府為主要的提供者，而非正式部門則是由家庭自行負起照顧的責任。對社區的人力資源發展，必須從消極的管制，走向積極人力資源開發，從靜態的人力規劃，走向動態的人力調配、運用，不斷地提升，從參與到傑出，從而追求永續經營型的社區的理想。鼓勵社區針對民眾的需求，運用資源推展各項社區服務及社區經營方案，以達到社區組織活化，帶動社區居民參與，提升社區運作能力，進而培養社區自主意識，建立社區特色及認同感。例如：居家服務是為求使長期患病、社會生活功能薄弱、需要依賴他人照料、心智障礙、互動有障礙者能安穩、自由獨立在家，而提供所需要的支持性、復健性、預防性、維持性、長期性服務。

「在地老化」的概念，與「在地養老」或「就地安老」相雷同，在我們社會就是希望落葉歸根，老了回到自己的家鄉，是不要有移動，太大距離的變動，與父兄祖輩、親朋好友聚在一起。家鄉才有成長的記憶、房舍、田地、子女、好友，親戚還在家鄉，在自己的鄰里、自己的土地，自己的生活圈以度過晚年是文化的基本價值，原則上在那裡居住就在那裡進行安老、終老的準備，最吻合變動最小，文化的適應最好，而且同時在資源的使用上會最有利，社區的網絡的連結上有連續性。

社區照顧的目的是為了讓人們可以住在家中自立生活，讓人們在自己的家或地方社區中類似家的環境中，儘可能地過著正常的生活。故提供各種服務，這些服務包括預防性健康照護與社會照護服務；提供適當的照顧和支持，以協助人們得到高度的獨立自主性，並藉由獲得或再獲得基本的生活技能，以協助他們發揮最大的潛能。且強調不只由公部門提供服務，部分照顧工作是由非正式網絡提供，也鼓勵非公營單位發展服務。創造高齡者更多的社區服務、或從事再就業、部分時間工作的空間。藉由訓練、教育的方式，給予高齡者提升能力素質的教育，同時提高社區產業，以創造更多高齡者參與社區的機會。

為了實現在地老化，需要有政府政策的引導和相關軟、硬體的建置，同時社區營造在空間填入充實的生活經驗，讓一群人的經驗累積成社區的共同記憶。最核心目標在於透過各種策略，提升不同族群間的互動，提高鄰里信任，是以社區必須建立友善、樂觀的生活氛圍，需要透過各種社區方案強化地方認同，增加居民間交流、理解的可能性。

肆、高齡者參與社區長照

高齡者參與社區服務後，重新幫助自身在生活上賦予新的角色與態度，並從服務過程中習得新知識、結識許多社區好友，透過社區服務奉獻與學習的目的，從中滿足自我內心需求及樂趣，使得身心更健康，更從參與志工工作裡得到自我的成就感肯定，使他們更有自信心。針對此現象，在北歐國家最先啟動在地老化政策，採行由在地人照顧在地人，讓長輩儘量延長健康年歲，在熟悉的環境中生活，延遲入住照護機構的時間。此種作法已是美、英、日、德、瑞典等國，因應高齡社會的共同指導策略。

Robert Putnam 將社會資本從個人的層級提升至社區的層次，進行更認為社會資本為增進社會合作效率的要素，如網路（network）、信任（trust）、規範（norms）等。強調高齡志願服務以提升生命品質及生活滿意度，可拓展社會關係與人際網絡，進而獲得他人認同與增進自信心，這將有助高齡者達成成功老化的目標。規劃「以社區為本位，以高齡者為主體，以參與為核心」的社區活躍老化，因其具有近便性的特質，乃是激發高齡者願意參與行動的主要誘因，形成一樂齡社區，作為滿足老年人的學習需求與社區參與的機制，使得「活躍老化」成為可能。

高齡者參與志願服務，除可延緩老化、保持身心健康外，也可貢獻其智慧與經驗，服務社會。在社區照顧脈絡中的志願部門，係指那些非基於利益分配且可自己治理的正式且有組織的民間單位。而志願部門中的人力大多是志願工作者，為落實聯合國將二〇〇一年訂為「國際志願服務年」。我國「志願服務法」亦已於二〇〇一年公布施行。志願服務結合大量的人力資源，使志工的熱忱得以充分發揮，讓社區中需要幫助的人，獲得最及時且最適切的幫助。因為社會環境的變遷，人們心智模式的改變，當代的志願服務有不同於傳統的特色，列舉如下：

表8-5：當代的志願服務的特色

特徵	內容
新族群參與志工	因應學習社會的來臨與社會環境的變遷，透過志願服務對生命各階段的角色扮演加以定義，促進社會化的人際關係連結互動，改善社會的意圖擴散等方式加入志工行列，形成各種多元的服務族群。
志願性部門崛起	社會面臨快速高齡趨勢，藉重民間機構與團體力量的投入來協助解決，志願部門就充當補充角色，與政府形成伙伴關係，志願服務是社會發展的一股龐大的動員力量。
創新的終身學習	志願服務不僅是貢獻心志的服務，更是嶄新的學習方法，新的學習管道，新的學習型態；配合終身學習社會的到來，志願服務開創了終身學習的新境界。
公民職權的履行	以「公民社會」為基礎，志願服務者將所學的知識技能，從事社區服務工作，以協助解決社區問題，並藉由服務經驗的反省養成公民知能與社區意識，善盡公民職權。民主社會的發展，非營利組織或志願部門地位的提升，志願主義的興起，使人民有更多參與公共事務的機會。
服務內容的擴大	社會服務由慈善性、勞力性擴大為參與性、關懷性、情感性與學習性的活動；經由參與及付出的過程，激發社會責任感，且以專業的訓練及有效的管理，擴大志願服務的內容。

（資料來源：作者整理）

依據我國現行的平均餘命，在邁向高齡後仍有多年的活命，尤其戰後嬰兒潮世代擁有較佳的能力者，如何規劃、開發、運用高齡人力資源，已儼然成為人力資源發展，亟待推動的重要項目。我國於一九九六年制定「推動社會福利社區化實施要點」，強調「福利社區化」是「將社會福利體系與社區發展充分結合的一種措施與方法」，其推動的原則包括福利的優先化、整體化、效率化、普及化與團隊化；目的在於透過家庭與社區力量，以結合社區內外資源，並建立社區福利服務網絡，以有效照顧社區內的兒童、少年、婦女、老人、殘障及低收入戶。

二十世紀九〇年代興起的「社區照顧」，如同 Griffiths的界定：「社區照顧的目的是為了讓人們可以住在家中自立生活，故提供各種服務，這些服務包括預防性健康照護與社會照護的服務。」強調不只由公部門提供服務，更大部分照顧工作是由非正式網絡提供，也鼓勵非公營單位發展服務。管理學大師彼得・杜拉克（Peter Drucker）在其著作《旁觀者》裡描寫生命中幾位重要的人，其中之一是他的祖母。就算身體不適，還是喜歡每天在鄰里間走動，四處探望朋友。他從奶奶那學到最珍貴的啟示即是——「積極社區參與，注重人際連結。」打造地老化的社區照顧環境，就是創造人與人間的連結，增加社區民眾接觸的機會，並帶動其他，形成更多活絡的社區生活空間。

「福利社區化」是傳統社區工作的轉型，具體地將社會福利體系建構在社區服務基礎上，針對社區中有需求的對象，號召社區民眾「自動自發，自助人助」 給予周全福利服務，增進民眾福利。如同在瑞士有鑑於「空巢老人」數量在不斷增長，逐漸成為了一個社會問題，政府專門立法支持「時間銀行養老」制度的建立，瑞士聯邦社會保險部開發的一個養老項目——人們把年輕時照顧老人的時間存起來，等到將來自己老了、病了或需要人照顧時，再拿出來使用。申請者必須身體健康、善於溝通和充滿愛心，每天有充裕的時間去照顧需要幫助的老人，其服務時數將會存入社保系統的個人帳戶內。在社區生活中民眾相互扶持，用「時間銀行」養老已蔚然成風，這不僅為國家節約了養老開支，還解決了一些其他的社會問題。

志願服務者在幫助別人的同時，更讓受助者個人的潛能得到了發揮，使得整個參與過程，能夠協助受助者自主服務，促進自我發展，擺脫單純的依靠外部協助來謀求自身的發展。社區發展或社會文化的傳承需要全面且長久的資源投入，若能將老人志工資源納入，則能享有長期的成功。當然，志願服務者在助人的過程中自己的專業素養也獲得與時俱進的提升，該項反饋是基於：

表8-6：高齡者社會參與的反饋

特徵	內容
自利利他	面對高齡者志願服務，為了妥善運用高齡人力資源，積極推動「高齡者服務高齡者」的服務，由高齡志工關懷協助獨居高齡者，透過服務培養高齡者互相關懷的精神和態度，讓他們從一個被動的服務接受者變成主動的助人者，落實「福利社區化」，成為社區建設主要特色。
實質效益	社區照顧倡導的原因，除基於人道的考量外，經濟的考量亦為重要因素。它使得有些原本在機構內接受照顧者，僅須提供便宜廉價的簡單服務便可在社區中生活，如此可節省許多支出。由於社區居民較多，專業的社會工作人員數量有限，單一的透過社區工作者是不足的，這時就需要志願服務共同去完成。
自立自強	志願服務是個人、團體或正式的社會組織，依其自由意願，本著服務他人，改善社會為目的，並且不求私人財力報酬償，以個人或團體的方式所進行的服務活動。社區照顧較能兼顧被照顧者多元需求，讓他們能夠自決，由「人助」向「獨立自主自助」的轉變，逐步掌握自己的命運。

特徵	內容
自助人助	社區照顧鼓勵有照顧需求者的親屬、鄰居和朋友等非正式網絡加入提供照顧的行列。社區推動長者照顧長者，此乃由於照顧者與被照顧者彼此間是基於有情感性的相互責任和長期的關係。發揚助人自助以助人的理念，讓志願服務於社區中落實。

（資料來源：作者整理）

面臨高齡少子化的臺灣社會，提升高齡者的社會參與，是高齡社會重要的發展任務。老人可藉由參與部分時間或志願服務的工作，繼續發揮生命的光與熱，在熟悉的地方過一個有尊嚴、有自主性的年老生活，讓長者走出戶外，形成互助網絡，讓每個人處在這個網絡中，守護人人，也讓人人守護自己，以創造生命的意義及生活的價值。例如：社區義工、社區人力、時間銀行等，藉由社區服務活動，一方面扮演著一替代性、有意義的社會角色，建立新的人際關係，以滿足社會互動的需求，增進老年人的社會歸屬感，自我價值與自尊心。

老人雖是關懷服務對象，但自社會參與及活躍老化的思維，希望老人也能成為志願服務的主體，成為經營團隊的一員，成為健康促進課程的師資與志願服務人力。透過服務人群，將其智慧、經驗貢獻社會，實現「參與服務」的理念，減少老人人力資源的浪費，展現老人亦是社區共同生產的夥伴，滿足其成就感。志願服務工作落實服務內容，調整服務方式，以走入社區主動式的服務方式為主，結合在地熱心民眾協助成立社區志工服務隊為目標，以落實深耕地方，服務到家的理念。

結語

由中年邁向老年，是個人生涯的轉變，是人生的另一個階段，也是一段嶄新生活的開始，而活躍老化是每個人所期盼的，提供老人參與社會角色的機會，正可以填補其空閒時間，協助老人培養一套比較健全的人生觀，減少或遏止老人問題的產生，使老人能有愉快的心理與生活。

若能妥善運用社區中健康老人投入社區照顧及居家服務志願服務的領域，促使健康老人照顧弱勢老人，將能增進在地老化及健康長者成功老化多重的效益，然而高齡者要投入志工的行列，亦面臨比其他年齡的志工有更多需要他人支持與輔助之處。因此，高齡者參與志願服務不論是對個人、家庭，乃至社會都具有正面功能。社區老人志願服務，就是把老人的閒暇時間獻給社區中需要幫助的人，讓老人在老化過程可以活力、尊嚴、自主的安享晚年是當今注重的議題。

第九章　高齡者志願服務與社會參與

前言

依據先進國家老人的生活經驗，很多老年人均願意投入志工的行列，為社會善盡其個人的力量。高齡參與志願服務有逐年增高的趨勢，無論是從社會資本角度或是社會融合的層面，皆可以體悟到高齡者參與志願服務的價值，故社會推動高齡者參與志願服務是有其必要性的。

高齡者藉由參與社會活動，提升自我的生命價值並且活得更健康、更有尊嚴，為一重要課題。高齡的社會資源是不容忽視的力量，善用他們就成為高齡社會的新力量。反之，若忽略他們還會成為社會的負擔，所以開發高齡的人力資源，並引入社會生產行列，強化社會服務的內涵，將成為高齡社會的新資本。

壹、高齡者社會參與的意義

高齡人口比例急速攀升，在此趨勢之下，「在地老化」的概念日漸興起，希望能延長高齡者待在自己熟悉的家庭與社區中，持續其習慣且能獨立自主的生活方式，擁有所需的照顧資源，並保有其尊嚴、隱私與社會活動的參與機會。成功的老化和活躍的老化，需強調保持健康、維持獨立性和參與社會，特別是參與生產性的活動。高齡者參與社會，不僅可以擴展自身人際關係，亦可達到自我實現。

「社會參與（social participation）」係指貢獻個人己力，並且主動參與社會的事物及參與社團活動、課程；意即指公民的意識覺醒，及擁有資源的分配，加入事務的制定、管理、執行，促進民主精神的發揮，並且增進生活福祉及社會的公平正義的實現。志願服務具有社會責任感，並為實踐社會理想或改善社會問題而表現出來的一種積極性的社會行動。因此，志願服務是直接利他的行為，而非利己的行為，故被社會賦予較高的道德情操。

從服務效益而論，高齡志工的貢獻是無可限量的，志願服務就是一個充滿自信與關懷的作為，利己且利他，自助且助人。期許每一個高齡志工都能夠愈活愈健康、愈活愈快樂。在部分社區裡，許多老人仍持續參與勞動，另外，老人在非正式性工作（如家庭工作、小型與自營作業），對家庭的無酬付出以協助年輕世代投入職場，擔任志願工作所帶來的經濟與社會貢獻等，更不能被忽視，老人應該被視為是資源，而不是依賴者。

長者的社會參與，強調高齡者的人力資源持續地開發及運用，支持高齡者以個人能力繼續貢獻社會，鼓勵高齡者接受專業培訓，透過志願工作來消除外界對於年齡的歧視，進而營造一個能夠結合終身學習、工作及休閒的生命歷程。高齡者從事志願服務有多個起始動機：

表9-1：高齡者從事志願服務的動機

項目	內容
利己動機	從事志願服務的過程中得到樂趣，從事志願服務是一種做功德的活動，被尊重的需求得到滿足，可以增加其愉悅的心情，提升其健康狀態及提高自尊感。
社會動機	認識朋友、增加人際間互動、填補生活空虛。學習到如何與他人溝通及相處，以及體恤及同理他人心，發覺到自己對社會仍有貢獻。
情境動機	高齡者因社區朋友的邀約而參與志願服務，繼而形成一個新的支持網絡，服務他人中，感覺到自己的重要性，並在與專業人員互動過程中，學習到如何促進自己的健康。

（資料來源：作者整理）

讓老人可以免受社會上的年齡歧視所導致的社會排除，並體現以社會參與為基石，強化老人的社會融合，進而達到活躍老化的目標。研究指出，社會參與越多、生活圈愈廣的老人，生活滿意度也較為良好，也愈容易體現成功老化。Rowe & Kahn闡述成功老化的定義，包括：低疾病及失能風險，高度身心功能，並維持活躍的社會參與。而WHO揭櫫活躍老化的原則，更將「參與和安全達到最適化機會的過程」納入。

高齡社會對社會帶來相當的衝擊，以全球高齡比例較高的日本為例，目前的長照支出約占GDP的百分之一點四，其比率已相當接近OECD國家的平均長照支出，卻仍無法減緩「介護離職」與「介護難民」的發生，對於遏止「介護殺人」的悲劇也相當的無能為力。以二〇〇七年為例，日本因照顧壓力而殺人或自殺的事件有五百六十件，二〇一〇年時卻增加至七百〇六件。針對長照成為日益紛雜的現象時，有學者指出，當老年人口達到百分之十時，長照將成為社會問題。日本的老年人口在一九八五年時來到百分之十，卻一直到二○○○年，老年人口達到百分之十七時才實施介護保險，不僅因長照而衍生出來的社會問題也越來越趨複雜，同時政府的財政壓力大增。

長者需要社區，同時也被社區需要，去除對老年人的偏見，將問題現象視為改變的潛能，善用老年人為社區發展的人力資源，就能創造社區的發展，產生源源不絕的創新能量。社會參與即為每個人都可擁有的機會及責任，並且能夠自發性地幫助他人及參與社區的服務工作。參與與經濟安全或社會福祉的活動有助於生活品質提升，而參與社會互動則有利於認知功能的提升。參加活社會性活動或生產性活動對減少失能和延長壽命有所幫助（Hao，2008）。

活躍老化是已開發國家面對高齡社會的解決策略，以健康老化及健康促進來提升或協助國人維持能力（intrinsic capacity），善用志願服務，以減少照顧人力，建構友善的高齡安老環境。社會參與的內涵可區分為：

表9-2：高齡者社會參與的內涵

項目	內容
志願服務	從擔任志工服務時，根據個人所長來發揮，從中獲得成就感，讓退休生活有意義，增加生活的滿足感和自我肯定。
宗教活動	高齡者參加以宗教信仰為核心而形成的聚會、組織，以期獲得身心靈的安頓、平靜。
社團活動	志同道合的高齡者，以自由自主的方式，選擇適合自己的活動，並投入自己的意見、想法及其他資源，從而實現自我。
學習活動	在正規教育以外所實施的有組織的教育活動，有助於建立正確的服務作為，短期性的研習或訓練課程；博雅性、職業性、社會性或休閒性等課程。

項目	內容
休閒活動	指高齡者從事當性的運動或旅遊活動，獲得身心的滿足，達到身心靈發展的活動。
再次就業	高齡者繼續在體力的許可下，發揮熱忱及能力於職場貢獻其經驗與智慧。

（資料來源：作者整理）

社會活動的參與可以讓老人變得活躍，更可能減少其孤寂。提升高齡者社會參與，需消除參與的障礙，包括：

一、意向障礙：個人對老化的偏誤價值觀及態度。

二、情境障礙：服務能力、經濟考量、家庭責任。

三、機構障礙：缺乏友善環境、參與類型不符所需。

藉由現場的經驗，鼓勵「高齡公民參與」模式，透過包括共通的語言和共同的故事，彼此共享組織成員的集體目標和共享願景，從高齡者是社會的資產來看，高齡者正處於老年期，自我生命經驗的統整及反饋是其順利適應晚年生活的關鍵。為了讓整體社會永續生存與發展，在相互扶持上有一樣的認知就能夠產生心心相惜彼此護持，進而產生更多知識交換和資源流通的機會。也讓每位國民都能充滿希望的生活與開展生命。

社會資本是當人們在社區高齡者志工團部分，鼓勵社區高齡者參與志工團，培養高齡者志工的服務能力；在高齡者人力銀行部分，則人力建檔、行政基地、業務推動、需求評估，是其主要任務內容。志願服務制度可以提供社區服務機會，還能夠提升高齡者自我價值，豐富更多元的知識與技能。針對「下流老人」現象，除了推動經濟保障的相關措施之外，也同時可以從「志願服務」來著手。社會大眾都要鼓勵其積極加入志工團隊，貢獻關懷與愛心，促進高齡人力資源的再運用。

貳、高齡者社會參與的需求

在人口老化的國家，隨著老人人口數的增加以及平均壽命的延長，老人已逐漸成為志願服務成長的生力軍（Morrow-Howell，2005）。以因應高齡化社會的來臨，讓高齡者可以健康老化並落實在地老化為首要任務，鼓勵志願服務，提升老人社區化的服務；志工成員往往來自於不同社區，此類型的志工組織可以人際網絡來界定其社區範圍，互助由志工彼此之間做起，進而擴展至志工家人親友、進而延伸鄰里。

老人活動理論亦指出，老人若能保持活躍並與社會環境維持交流，較能成功老化（Spence，1975）。世界衛生組織在所提出的「健康」是「身體、心理和社會處於和諧的地步」，因此，在積極的老化框架下，促進心理健康和社交關係與那些改善身體體質一樣重要。讓老人保有自主性和獨立性，亦是重要的關鍵目標。擔任志願服務工作是沒有強迫性，也不求立即的回報，目的主要是在幫助他人積極的社會參與。「助人工作」是由訓練有素的專家，在專業倫理的規範下，為滿足當事人的特定需求而從事的一種有計畫性的專業服務。助人專業人員最基本的倫理原則是在提升所服務的個人或團體的福祉。參與志願服務工作表現出「成就他人，成長自己」的利他精神，這是指一種不期待任何回報的，自覺自願的助人價值觀下表現出的行為方式，通常表現為親社會行為，例如幫助、安慰、共享、合作、慈善、社會服務等。包括：

表9-3：高齡者從事志願服務發揮利他精神

項目	內容
獨立感的象徵	面對各種內外在的焦慮，能夠提供心理的寄託；藉由參與社會活動，提升自我的生命價值，在所屬的社會網絡中，感到自我價值是能夠被人認同及肯定的。
增加生活滿足	志願服務工作的種類繁多，有的是應用專業知識，有的只需運用社會經驗，更多的志願服務工作，只需要有愛心體力與時間，就能貢獻心力。
開闊人生視野	多數的志願服務工作都是群體服務，所以能認識許多志同道合的朋友，提供與社會接觸及互動的機會；拓展生活視野且相較於人生的每個階段，人類進入生命中的老年階段後，需要社會參與。
增加社會連結	社會支持被認為是一種資訊的給予，而被提供這些支持的個體將會感受到被尊敬及關懷。透過志願服務工作，接觸到更多人，能增強與社會的連結，對相關的社群產生的歸屬感。
分享人生經驗	發揮自己原有的專長，保有自尊，感覺自己對於社會依然是有貢獻的；分享自己的職場或人生經驗。對高齡者而言，社會支持是一種心靈層面上的實質支持，即使退休了，也能對社會有貢獻。
學習到新知識	在服務的過程中，會接受相關訓練，有機會學習到新知識，不會和外界脱節，提升高齡者的生活滿意度，並且活得更健康、更有尊嚴，視為一重要課題。

（資料來源：作者整理）

當全球人口老化成為一種新的社會趨勢與潮流，跨國組織亦開始注意到相關議題，「活躍老化」成為追求的重心，聯合國早於一九九一年便提出了「老化綱領（Proclamation on Aging）」，宣示高齡者應該擁有的「獨立、參與、照顧、自我實現、尊嚴」五大原則項目。依據前述原則，世界衛生組織定義「活躍老化」是指一個人在年老時，應該優化其在「健康」、「參與」與「安全保障」等方面的水準，從而改善生活品質，也就是「持續參與社會、經濟、文化與公眾事務等，而不只是在身體活動能力或參與勞動能力等方面」，強調老年人積極參與各種活動的重要性。

「活躍老化」是已開發國家面對高齡社會提出的策略，二〇〇二年世界衛生組織提出其政策架構，包括：

一、預防及減少發生失能、慢性病及過早的死亡；

二、在生命週期裡減少疾病的因子，以增加健康；

三、發展可持續、可近性友善的健康與社會服務；

四、提供照護的訓練及教育，以滿足老人的需要。

為落實活躍老化的目標，在歐盟，志願服務被視為是與「學習的歐洲」及終身學習策略關鍵的一環；也是社會整合與經濟整合發展的重要作為（European Economic and Social Committee，2012），期待歐洲公民透過擔任志工的經驗與參與中，能夠獲得新的技能以增加就業能力，對志願服務的效益及作用與影響力，尤顯得重要。

人口結構老化的趨勢通常與少子化或低出生率的現象同時存在，人口老化社會高齡人口與青壯人口的比率出現嚴重失衡，對經濟、政治及社會的衝擊便開始出現。根據實況，日本二〇二〇年有超過六百萬的老人亟需長照支援，有五十二萬的老人正在排隊等待入住廉價的養護機構。一些獨居的老人、夫妻只好在提供臨時住宿的照顧中心間「流浪」，變成「介護難民」。但是標榜「在地老化」的居家服務與日照中心卻面臨了照護人力短缺的窘境，目前「介護離職」的人數更攀升至每年十萬人，對於企業經營與國家經濟都造成相當大的影響。再加上過去對於引進外籍看護的門檻設限過高，使得人力不足的問題更為嚴重，預估至二〇二五年時將達到三十八萬的人力缺口。

隨著高齡化的腳步，工作人口之間出現年齡的差異是必然現象，而高齡社會老人正是建構新人力資源的再生資源。但不代表各世代之間一定會出現衝突，有的時候反而會是一種互補關係，故不論是公部門或私部門組織，在規劃人力資源過程中，須考量各世代人力的不同需求，進行差異性管理。參與志願服務有助於提升個人主觀的生活幸福感（subjective well-being），經由一段時間的長期互動，所發展出來的人際關係（relationship），是社會資本的核心構面，藉由這些因互動而產生的特殊關係如友誼、尊重與信任等關係，進而影響人們的行為與社會資本累積，所以志願服務能帶來生活品質的提升作用。

面對高齡趨勢需朝向反歧視、促進實質平等與支持多樣性的發展，才是積極面對目前各項隔離與排除的正確方向。相同的給予相同的對待，是形式的平等；不同的給予不同的對待，才有助於實質平等的落實。社區主義乃是一群具有文化同屬的人，以群體文化的歸屬和共同目標為立論基礎，形成共同意識，參與公共事務，以促進公民道德的實現；以喚起民眾關心公共事務，培養社區意識為主要目標，社區主義的特質有四（柯慈怡，1999）：

表9-4：社區主義的特質

項目	內容
共同的生活空間	是一個行政區域或跨越幾個行政區域的地理空間，承載共同歷史文化資源的人，應齊力聚凝共同生命的確保與發展。

項目	內容
共同的歷史文化	有共同的生活歷史與經驗可共分享，側重個體不能背離自我認同的社群，強調居民之間互相的關懷、對話、共同一致以及對社會國家的認同。
共同社會凝聚感	彼此保持高度的聯繫與合作，多數人對某些公共事務的意見，經由適當的利益表達程序，即可形成一致的行動，為達公共的善（public good）目標。
主動的政策參與	具有普遍而廣泛的政策參與，以促進社區利益的共同實現。透過既有的信念系統不斷提出批判質疑與反省，改變既有的觀點，產生新的行為與行動。

（資料來源：作者整理）

為延緩高齡者老化及增加健康年數，鼓勵高齡者運用專業才能及豐富生命經驗投入志願服務工作，使高齡志工成為社會公益重要的人力資源，亦是「福利社會化，社會福利化」推動的一大助力。由於志願服務本身具有學習的本質，因此，志願服務過程中的學習，可減緩老化的介入方法。利他主義，就是一個個體在特定的時間和空間條件下，以奉獻自己的能力來增加、促進和提高其他個體社會適應的作為。高齡者參與社區服務，使社區提高人力再利用，讓社區服務工作得以順利推展。在參與社區服務過程中影響個人態度、角色，使其產生個人轉變及自我生活調適，經由服務的工作中獲得到收獲、成就感的轉變，進而增進生活品質，也增進對社區的認同感，藉此結識了許多朋友，變得年輕有活力，也學習到更多新知識，富含多層面的改變歷程。

由於平均壽命的延長，老人已逐漸成為志願服務成長的生力軍，社區服務是由志願者參與服務的極佳場所，透過社區相關資源的連結與開發，期望能夠提供符合當地社區老人無距離、無障礙且完整、連續性的初級預防照顧服務；而老人從事志願服務可增進個人的健康與生活滿意度、提升自尊與心理福祉、以及延長壽命。參與社區服務，為自身所居住的社區奉獻一己之力，為社會注入更多無形的人力資產，而其產值更是無可言喻的，如此，無論是對社會、對家庭或是對個人而言其意義無比深遠。

戰後嬰兒潮世代的高齡者相對以往，有健康良好，專業經驗與技術純熟，亦有再繼續回饋社會，發揮餘光餘熱的心理。如果能把握高齡者不成為社會的負擔的心理傾向，妥慎運用老人人力，將是一種個人及社群雙贏的工作。參與活動對於老年人身心健康有正向的效果，更有研究中指出，運動與任何型式的活動參與一直被認為可預防慢性疾病的發生，具有增進身心健康的良好效果。在心理方面則有助於減低憂鬱、增進幸福感及提升生活品質。年長者參與志工，要有健康的身體，同時，心態要陽光，才能真正享受當志工的樂趣。志願服務是創造美好社會的積極力量，翻轉社會對高齡者「老」的想像，塑造一個友善高齡志工的環境，是發揮創意及正向影響力的具體行動。

參、高齡者社會參與的作為

根據WHO（2002）所倡議的《活躍老化：政策架構》內容中指出「活躍老化」為達成「正向老化經驗」願景，「活躍」並不單指身體的活躍或是活動的參與，而是「持續的參與社會、經濟、文化、靈性與公民事務」，一九九九年聯合國所訂定的高齡者五大原則，「活躍老化」也就是「健康、參與和安全達到最佳化機會的過程，以促進人們經歷老化時的生活品質」。志願服務，可以幫助他人，同時也可以滿足自我，使自己有成就感；體現利他作為，利他行為（altruistic behavior）是利他主義的外在表現，是指個人的某種旨在增進他人利益的穩定的動機和一貫的行為，將他人利益置於個人利益之上。透過服務工作，提供了重要的學習機會，也可以學習相當多的知能。老年人可在社會的各階段擔任其新進者的良師益友，將其經驗傳遞給年輕人。透過世代間的經驗交流與傳承，可促進世代間的了解與相融。

以社會資本的觀點，「活躍老化」正是高齡者學習社區的願景，在目標上兼及身體、心理、社會、終身學習等目標，有別於老人福利大部分，僅及於生活照顧或醫療照護。呈現差異化策略，可在發展初期激發較高的競爭優勢。推動高齡志願服務，是在社會網路內的成員有共通的語言和符號（shared language and code）與共同的故事（share narratives），將有助於彼此了解，對於其所討論的事物、看法與解釋愈一致，將有助於問題的討論、溝通、協助及知識分享，進而產生較高的效益。高齡者社區參與的優勢，尤以具備合宜的參與機能，是社區參與的具體落實，分析言之，有下列諸項。

表9-5：高齡者社會參與的優勢

特徵	內容
獨立自主生活型態	社區長者可以主動地經營自己想要的生活內容，而非被動地接受他人服侍，可以配合個人的專長，或再學習，進而服務社區，參與各種活動，滿足影響力與貢獻感的需求。

特徵	內容
以活躍老化為願景	傳統社區中的老人，大都是被疏離、被視為無角色、無生產力的邊緣族群。參與社區志願服務，加強社區中的習慣熟悉感，增加支持性措施與在地老化理念的推廣，能針對高齡者的特性與需求，給予適足照顧服務。
人力資源開發運用	高齡者學習社區中設立志願服務，經由培訓工作，或投入社區志工，對高齡者持續社會化有所裨益，有助於社區人力供給，形成內部資源的優勢。並且建立整合平臺，將資源適當分配，以強化在地老化相關之高齡福利措施的落實。
重視學習機能建置	社區教育學習資源，旨在提供高齡者參與社區的管道，著重於完整照顧資源體系的建立，以及社區型態社會參與的機會提供，藉以獲得高齡人力的再開發與運用；形塑老有所用、老有所為、老可再學習、再發展的社區學習文化，呈現活力十足，朝氣勃發，成為永續發展的學習社區。

（資料來源：作者整理）

高齡者雖自工作角色中離場，但仍是社會的一份子，應擁有一樣的機會及權力參與社會。更應多鼓勵高齡者參與社會，不僅可以擴展自身人際關係，亦可達到自我實現。高齡者若能參與志願性服務活動，將有助於提升自我價值感，並維持與社會的連結感，從中培養終身學習觀念，營造有尊嚴且正向的晚年生活。世界衛生組織倡議「活躍老化」，指一個人在年老時，應該優化其在「健康」、「參與」與「安全保障」等方面的水準。其中的「活躍老化政策框架」包括上述這三項支柱，強調透過「老年人的社會參與」、「老年人的身心健康」以及「對老年人的社會、經濟及生命安全的確保」等策略，來因應人口老化的問題。將社會參與列為活躍老化的重要策略：

表9-6：高齡者社會參與列為活躍老化的重要策略與益處

項目	內容	益處
努力學習	從生命歷程發展的觀點，提供教育和學習機會給高齡者，讓老化成為正向的經驗。	提供與社會接觸及互動的機會；社會支持，降低老人被社會排除與隔離的處境。
積極參與	鼓勵高齡者在老化的過程中，依其個人的需求、興趣和能力，參與經濟發展活動、正式和非正式的工作，並從事志願服務。	面對各種內外在的焦慮，能夠提供心理的寄託；於個人心理、生理及情感層面獲得支持的來源；保有自尊，感覺自己對於社會依然是有貢獻的。
持續互動	鼓勵高齡者在老化的過程中，參與家庭和社區生活，從而改善生活品質，也就是「持續參與社會、經濟、文化與公眾事務」，強調老年人積極參與各種活動的重要性。	獨立感之象徵，建構一個對老人親善的生活環境及無年齡歧視、世代之間和樂共處的融合社會。提升高齡者的生活滿意度。

（資料來源：作者整理）

高齡者若無法活出價值、活的快樂，那麼壽命的延長對於老年人而言將顯得毫無意義。面對高齡化社會的衝擊，將重點目標設定於培養高齡者的感受及老年期的生命意義探索能力。是以，聯合國訂定二〇〇一年作為國際志工年，同年我國也通過志願服務法相互呼應，至此多方領域開始著重志願服務的提倡，並於二〇〇二年公布的《老人福利法》，也在其中納入高齡者志願服務參與之相關規範，如：

「老人志願以其知識、經驗貢獻於社會者，社會服務機構應予介紹或協助，並妥善照顧。」因個人需求及欲達成的目標不同，產生不同的自我攸關程度，而顯現出對事物或活動有不同的關注、參與。

「有關機關、團體應鼓勵高齡者參與社會、教育、宗教、學術等活動，以充實高齡者精神生活。」並因活動類型而各有獨特的型式、內涵、目標，關注程度愈高者，則進而產生一連串參與該事物或活動的後續行為。

由於平均壽命的延長與老年醫學的進步，老人的生理機能已有顯著增進；而且社會價值觀的改變與教育水準的提升，老人的生活價值觀也有很大的變化；同時資產累積的加速與經濟保障制度的充實，老人的經濟能力也已大幅改善。這些因素使現代老人的生活需求逐漸呈現下列趨勢：

表9-7：高齡者生活需求的趨勢

項目	內容
多樣性	生活水準的提升擴大了老人對食、衣、住、行、育、樂等各方面的需求，而且對生活品質的要求也日益提升。現代老人已逐漸由義務性消費轉向非義務性消費，由硬體消費轉向軟體消費（如休閒性、交際性、代勞性、資訊性等消費）。
安全性	老後生活重要的課題就是健康保障，凡屬風險保障（risk hedge）的商品都有強烈的需求，例如，保險、公債、不動產等經濟安全商品以及補助器材、安全設備、居家護理等。
精緻性	富裕老人的增加使質優商品的需求提高，例如，保健康食品以維護自己的健康、高級服飾以隱藏老化現象、貴重商品彰顯成就等。
參與性	社會參與所涵蓋的層面是非常廣泛的，包含了政治、文化、社會、教育與經濟等公共事務，鼓勵老年人參與適當的活動，將有助於提升及維持其身心的健康，並能預防或延緩疾病與失能的發生。
幸福性	使老年能可以成功地邁入老年生活，提高生活品質增進幸福感，能夠自發性地幫助他人及參與社會的工作，以降低對醫療服務與社會資源的衝擊。

（資料來源：作者整理）

依據生命歷程的觀點，在高齡階段擁有的資源、能力與機會，高齡者的社會參與是一種與社會保持互動的方式，提升老年人的社會參與是重要的議題，社會參與即為每個人都可擁有的機會及責任。將自己貢獻於社會中，並藉由互動與投入的過程，滿足老人需求及紓解壓力的活動。高齡者的社會參與是以有組織的行動投入社會活動，參與相關活動，維持與社會的接觸，以滿足自身及社會的需求。

隨著人口老化問題日益嚴重，這些過去擁有各式各樣技能和處事經驗的銀髮族，一旦能加入志工的行列，相信對整體社會是裨益良多。由社區工作、社區發展、在地文化方式進行：由於關懷據點的運作、服務狀況與在地社區息息相關，承辦據點的無論是社區發展協會或是在地人民團體，都是在地組織，據點活動也經常與社區文化相結合，故此一面向研究實具重要性。志願服務是個人本濟世胸懷，以其有餘助人不足，對社會提供精神或物質，致力於改造或促進的服務，它可以補救政府人力的不足，促進人己關係之融洽，增進人類社會之福祉。參與志願服務能提高社區凝聚力，藉由人際互動的強化，保護個人免受孤獨、沮喪和絕望感侵擾，進而豐富自己的生活。

政府於二〇〇五年核定臺灣健康社區六星推動計畫方案，落實由在地人提供在地的服務，建立社區自主的模式，貼近居民生活的需求，發展社區照護服務為其重要的策略，主要的施政計畫即是建立社區照顧關懷據點實施計畫，將長期照顧制度與社區照顧做連結，如高齡者能充分參與社會的活動將會帶來不同的老年生活。透過民間團體及機構的力量，設立讓長輩可以就近在社區中獲得服務的社區照顧關懷據點，主要提供高齡者「餐飲服務」、「關懷訪視」、「電話問安、諮詢及轉介服務」、「健康促進」等各項活動。

高齡志工的其他優勢，包括：服務熱忱、重視榮譽感、時間較為充裕、人脈資源廣……等等。高齡志工年齡範圍廣、個別差異大，絕大多數高齡者是身體健康無虞的，特別是有心擔任志工的長輩多是健康的老人。高齡者擁有豐富的經驗、技能、社會資源網絡，以及優質的服務態度，是社會重視與珍惜的優點。透過妥善的運用，使高齡志工的經驗、智慧、耐心與愛心能持續為社會所用。每位高齡者都是獨特的，擁有豐富的社會經驗和生活歷練，不同的生命故事塑造出不同的高齡者。因此，宜從優點著眼，欣賞長處，善用能力。

肆、社會參與促進社會支持

「社會支持」是指人與人之間的交流和交流的結果，社會支持提供一個極重要的保護功能，在個體承受心理壓力歷程具有緩衝或保護的作用，個體可藉此得到生理、心理、社會各方面的需求滿足。是個體從家庭成員、朋友鄰居以及其他人中獲得的各種不同形式的援助與支持，包括心理或實質上的協助，以緩和面臨壓力時對生理及心理所造成的衝擊，增進個人生活適應，而這些援助包括了各種訊息與資料的提供，給予引導和適當的安慰與庇護。當高齡者有良好的社會支持，將形成較低的孤寂感，同時有較高的生命意義的感受程度。

人口快速老化與平均餘命的延長，使我們越來越重視老年生活，加上高齡者健康、經濟資源的提升，與家庭支持系統轉弱等現代社會特性，鼓勵高齡者從事社會參與乃成為老人福利中的重要課題。OECD在其健康老化範圍中提出「較佳生活型態（better lifestyles）」的概念與作法，以降低危險因子。傳統家庭照護功能遭受挑戰的原因，不外以下數端：

表9-8：傳統家庭照護功能的挑戰

項目	內容
工作屬性	少子化的結果，使得能照顧年老父母的子女數減少，再加上現代化的結果，子女通常外出謀生無法與父母同住，衍生由誰負責照護老人的困擾。
家庭功能	少子化使得工作族群對父母協助、育嬰的需求降低，因而減少三代同堂，甚至大家庭的需求，老人接受居家照護或入住高齡照護機構？這個現象在高社經地位族群尤其顯著。
價值變遷	教育程度的提高及所得機會的增加，導致對高齡者提供親族照護的認知和態度改變，為了照護高齡者而犧牲工作的機會成本提高，照護成本由誰負擔？
性別平權	隨著性別平權，女性角色及社會職能的變化，婦女勞動參與的增加，導致過去倚賴家中婦女提供高齡者照護的傳統難以維持，形成如何提供老人照護的困擾。

（資料來源：作者整理）

為因應高齡化社會的來臨，原有的社會運作無法達成高齡者成功老化的目標，因此，在家庭結構改變及家庭成員照護功能難以發揮的情況下，高齡者的照護需要政府或社區涉入之需求將愈來愈高。二〇〇六年教育部頒布邁向高齡社會「老人教育政策白皮書」，將老人教育的施行視為全民教育，揭示四大願景：終身學習、健康快樂、自主尊嚴、社會參與；其施行意義則著重於老人的社會參與，志願服務正是社會參與的具體體現。

為了因應我國邁入快速高齡社會這股無可避免的趨勢，讓老人了解他們同樣具有參與的機會，激發老人參與活動，可協助老年國民成功及健康老化。透過服務的過程促使自我的生命經驗產生改變，而這種改變，不僅是個人內在觀點的改變，也包括了外在行為的改變。經由志願服務以延緩或降低老年期失能的狀況，以及建立人際網絡避免老年孤獨等策略，皆能有效提升個人晚年生活的品質，以協助他們適應老年的生活並成為活躍老化的高齡者。

對於老年人而言，生命的延長不再是大眾所關注的唯一焦點，如何與社會接軌，發揮自我長才，以樂觀態度面對老化，並提高自身的生活品質已成為目前全球的新課題。聯合國大會一九八五年宣布每年的十二月五日為「國際志願服務日」，二〇〇一年並首度宣布「國際志工年」，提出國際志工目標有四：增進對志願服務的認識、促進志願服務的實踐、志願服務的連結與傳播及志願服務的倡導與推廣。

高齡化的社會，不論從醫療保健、生活照顧，休閒社交及心理適應在內等各種成本將會提升，高齡者倚賴社會或政府提供照護，是未來不可避免的趨勢，將是高齡健康照護制度所需面對的基本問題。高齡者在身體健康前提之下，願意走出家庭，結交朋友，參與社會活動；並且提供本身專長能力，從事志願性工作，對社會所有貢獻與回饋。因此，鼓勵高齡者從事志願服務工作，為利用人力資源且同時可促進高齡者正向適應老化生活的重要作法。

WHO強調教育與學習是激發老人參與，和帶給老人正向的生活品質重要的因素；同時，教育與學習幫助增強解決問題的能力與適應環境變遷。高齡者透過服務學習展現無私的奉獻和付出後，能檢視自己的生命經驗，培養覺察和醒悟的能力，重新釐清自我概念和生命意義。成功老化是藉由活動的參與，從中獲得生命意義及成就感，於過程中展現出自我價值意義，以樂觀且正向的心態面對身體的老化，並且開創出富足且璀璨的晚年生活，提升自我生活品質。參與志願服務的發揮社會支持功能，包括利己性、利他性、社會性、及情境性等四項：

表9-9：參與志願服務的發揮社會支持功能

項目	內容	實例
利己性	志願服務的為了自我心理的滿足及樂趣，藉由服務他人，而贏得具體酬賞。個人為自我滿足、個人成長、充實生活、自我樂趣、自我成長、心靈發展及為自己增加知識、獲得他人肯定、學習技能及知識、成就感、社會經驗。	為個人減低生活無聊而從事志願服務進而可增加生活歷練、取得資格、獲得物質報酬。
利他性	從事志願服務以服務、助人為目的，為社會盡力，從事有意義工作，或基於宗教信仰、服務他人的理念，以行動表達對社區參與行動。	藉由與他人互動並且融入群體生活，以達到共享的歷程。
社會性	從事志願服務以服務他人，對社會、社區責任有認同感，達到實踐社會性參與、擴展人際關係、填補生活上空虛，擴展生活層面的目的。	結交朋友、接觸人群、消除心理上寂寞。
情境性	針對政策、社會或社區情境及意識型態或價值觀因素，有目的的加入志願服務，表現的參與志願服務的行動。	受機構吸引、重要他人的邀約、社會認同的需求。

（資料來源：作者整理）

OECD將健康老化定義為是生理、心理及社會面向的「最適化」，老人得以在無歧視的環境中積極參與社會，獨立自主且有良好的生活品質。高齡者透過服務學習的過程促使自我的生命經驗產生改變，而這種改變，不僅是個人內在觀點的改變，也包括了外在行為的改變。參酌美國南區教育委員會在一九六七年即提出服務學習的概念，將服務學習定義為「完成一項需要的任務與教育成長結合起來」，強調教育目的和社區服務的結合。借鏡先進經驗，為提供長者關懷服務，我國推動「社區關懷據點」，據點多由社區發展協會辦理，也有由其他類型人民團體設立，包括村里辦公處、農會、志願服務公益團體、老人會、婦女會、宗教背景團體、大專院校籌組的學會或附屬單位等，背景相當多元。關懷據點是由志願或是民間團體擔任第一線的服務提供者，透過社區內相關資源的連結與開發，期望能夠提供符合當地社區老人無距離、無障礙且完整、連續性的初級預防照顧服務。志願服務之目的顯得多元化，高齡志工藉由職能培訓、在職研修、經驗學習、觀察學習，及「做中學」的過程，帶動社區居民投入志工行列，促成成為眾人學習的模範。

結語

隨著全球陸續進入高齡化社會，人們關心的議題不再單純只為延長生命，如何使生命活得有意義及擁有高品質的生活，如何提高自身的生活品質才能使生命的延展更加有意義。世界衛生組織於二〇〇二年提出了「積極老化」的觀點，概念在於扶持老人，讓他們從「社會撤退」轉換成「參與融合」，持續參與社會經濟生活、志願服務或終身學習，讓老化成為一個積極的過程。

高齡社會來臨，面對社會結構與生活形態改變，我們應兼顧國際發展經驗與我國社會變遷趨勢，思考高齡社會的生活問題與需求，宏觀審視、長遠思考及周全規劃整體積極的因應策略，研擬規劃和諧友善、溫馨的高齡方案與政策，提供支持協助友善高齡之環境條件，提升我國民眾的老年生活福祉，形塑老人正面社會圖像，使民眾在面對生命老化的必經歷程，能夠保有健康、享有安全、擁有尊嚴，快樂地活躍老化。

第十章　高齡者志願服務與活躍老化

前言

我國人口結構老化加劇，世界衛生組織提出「活躍老化政策框架」中，其中包括三大支柱：健康、參與及安全，用來提升年老之後的生活品質，來因應人口老化的問題，突顯出老人健康與社會參與的重要性。

老年人雖然已經從工作的角色撤退，但仍應視自己為社會的一份子，透過「老年人的社會參與」、「老年人的身心健康」以及「對老年人的社會、經濟及生命安全的確保」等策略，與社會保持互動，主動參與並維持社會生活，才能享受成功老化的成果。是以，鼓勵高齡志願服務及終身學習刺激的獎勵政策，強化家庭與社區的健康照護體系，保障老年經濟安全，並促進人力資源再運用，提供高齡者友善社會參與的環境，完善高齡教育系統，以緩解高齡化問題。

壹、高齡者活躍老化的意義

世界衛生組織提出「活躍老化」的觀念，並定義為「提升民眾老年期生活品質，並達到最適宜的健康、社會參與及安全的過程。」當老人的健康、社會參與和安全達到最適宜的狀態，在累積充分的社會資本，汲取豐富的積極人生智慧和經驗，將內化一股強勁的力量，貢獻在造福人群。「活躍老化」使老人更具獨立自制性，不僅在生活功能上自主，更具適應社會環境的能力，確保身體、生理和心理健康；亦能在經濟上自主，透過信託管理體制，將財產信託，做好財產規劃並經由專業管理，達到財產增值和安全保障的目標，達成快樂活在當下，安心保障財產，如願的掌握未來的活躍老化的境界。

「活躍老化」的概念，由於世界衛生組織的倡議推動，同時近年來醫學的進步，生化科技的發展，活躍老化不僅是一種生活態度，更成為一個全球性社會運動，也是老人福利政策的核心價值和目標。誠如Fisher（1995）所言：「老年學努力的發掘，以確保晚年生活成功的必備的元素」。活躍老化必須包括身體的、心理的、心智的、功能的及社會的健康。推動活躍老化，可為高齡人口提供一個積極的扶持環境，它意味著使個人健康、社會參與、社會安全達到最適化機會的過程，以便促進民眾老年時的生活品質。放眼國際，近年各國紛紛轉移老人政策重心，致力於強化長者的健康維護、社會參與，以及安全建構，目標在提升高齡者生活品質，並強調他們積極的參與社會。而「健康」、「安全」、「參與」、「學習」等要項，正是世界衛生組織因應全球老化趨勢所提出的「活躍老化」概念的必要子題。

活躍老化理念，已成為重要國際組織或國家對老年健康政策擬定的主要參考架構。自二〇〇二年以來，聯合國世衛組織提出「活躍老化」為「健康、參與及安全」的最周延準備。另外，「健康老化十年行動計畫（二〇二〇至二〇三〇年）」，揭示消除高齡歧視與暴力、減少經濟貧窮及性別落差、健康促進及社會參與是應急切改變的工作。在活躍老化策略中，特別強調營造老年人參與社會活動的優質生活環境—包括社會參與、個人健康和社會安全。「活躍老化」同時也是臺灣推動老人福利方案的主軸，積極維護老人尊嚴和自主，形塑友善老人的生活環境，強健老人身體、心理和社會參與的整體照顧，使老人得以享受活力和尊嚴，能夠獨立自主的生活，實現「公益社會、永續福利」的政策願景。

二〇一二年歐盟與聯合國經濟發展委員會提出活躍老化指數，從「就業」、「社會參與」、「獨立、健康及安全生活」及「活躍老化能力及有利的環境」提出量化指標衡量各國高齡政策發展。Thompson（2006）主張：社會參與是個人自發性幫助他人、參與社區工作的機會與責任。志願服務提升個人的價值，志願服務工作能滿足其心理性及社會性的需求，促進其身心的健全發展，並增加其生活的成就及存在感。志願服務人員與社會大眾互動的行為規範，也是維持專業生存的重要基礎。志願服務的知識體系由通識知識、行為知識、案主人口群知識及案實施理論模式等來源建構而成。包括：

表10-1：高齡者志願服務提升個人的價值

類別	內容
人力資本	影響個人健康、知識技能的學習成長等。高齡者服務學習是一種重視學習因素的服務，透過計畫性的服務活動與結構化的反思過程，以滿足被服務者的需求，並促進服務者的發展。

類別	內容
社會資本	加深人際網絡擴展，增加社會接觸，改善人際關係。高齡者通常參與社區情境聯結的相關活動，呈現其對他人、社會、自然環境、多元種族與弱勢族群的關懷情操。
文化資本	幫助瞭解志願服務的價值，肯定付出的力量，並能激勵參加服務學習的動機，提升其服務品質及豐富生活。
心靈資本	影響個人擁有團隊歸屬感，及更積極、知足的生命態度，是一種利他精神與靈性特質的表現。

（資料來源：作者整理）

社會參與，係指個人貢獻己力，主動參加社會事務、社團、活動、課程，與他人互動，並融入整體的生活，達到共享的過程。志願服務工作能滿足其心理性及社會性的需求，促進其身心的健全發展，並增加其生活的成就及存在感。高齡志願服務形成社會資本展現活躍老化，成員間藉由包含信任、主觀規範、義務和認同感，人們對於成員間的互相信任程度，對於規範一致性的程度，相互承諾的義務，以及彼此的認同感等，形成協力合作行為與促進人際關係的經營。

志願服務係指民眾出於自由意志，非基於個人義務或法律責任，秉持誠心以知識、體能、勞力、經驗、技術、時間等貢獻社會，不以獲取報酬為目的，以提高公共事務效能及增進社會公益所為之各項輔助性服務。「志願服務是個人本著濟世的胸懷，以其有餘助人不足，對社會提供精神或物質的力量，致力於改造或促進的服務。透過『施者慎勿念，受者常緬懷』的崇高德操，縮短人與人的距離，提供的服務工作。」（蔡漢賢，1990）人性有其光輝，人性的光輝在尊重他人的生命，尊重他人福祉與權益。因此志願服務工作的功能大略有以下幾種：

表10-2：志願服務工作的功能

特徵	內容
支援性功能	社會福利工作項目繁多，政府無法全面兼顧，因此須靠社會福利團體協助支援，志工的重要性與日俱增，具組織性的利他行為，讓福利工作能順利執行。
補充性功能	社會服務工作在其專業性的部分，當中指出是以幫助他人或對環境有益的活動，並能在各個領域直接幫助他人，會有專業人員執行，而一些較不需專業技能之服務就可由志工協助。
替代性功能	若給予志工完整之專業訓練，可彌補專業人員人力之不足。銀髮族有其充分的生活體驗及生命價值，應該更加利用這些無價資源，使得社會更加和諧。
實用性功能	志工基於社會公益的參與行為，是回應社會責任及態度的一種行為，當中並不求回報，最基本的要求即是滿足業主的及時需求，因此是最佳的協助來源。

（資料來源：作者整理）

由於人口老化快速，高齡長者人數日漸增加，高齡者社會福利成為大家高度關注的議題，無論是健康醫療、老年年金、長期照護等議題，皆引起廣泛的重視。「活得老又活得好」是老年生涯的理想意象。世界衛生組織提出「活躍老化」觀念，將其定義為：使健康、參與、和安全達到最適化機會的過程，以便促使民眾老年時的生活品質。同時，世界衛生組織及歐洲委員會宣稱：推動「活躍老化」的總體策略，是因應二十一世紀人口高齡化挑戰的積極作為，可為高齡人口提供一個積極的扶持環境，此亦是聯合國「第二屆老齡問題世界大會」的會議共識之一。老年人參與志工目的，除了利他外，如協助服務機構、幫助他人、引導孩子發展、回饋社會，長者從事志工也在於利己，如發揮所學專長、學習成長、肯定自我價值、增加社會接觸、增加生活重心等。

貳、志願服務促進活躍老化

近年來的「C型人生（cycle的人生）」的思考，人生不再是直線，生命充滿無限可能。在一九八四年，美國麥克阿瑟基金會即進行「活躍老化」研究，認為必須三個主要因素同時存在：「避免疾病和殘障」、「高認知與身體功能（Maintaining high cognitive and physical function）」、「社會參與」。是以，社會參與為促進活躍老化的主要策略，志願服務兼具助人、學習、休閒、工作等本質，為已被證明具有多重正向效益的一種社會參與活動，由於志願服務本身具有學習的本質，因此，志願服務過程中的學習，亦可減緩老化的方法。高齡者經由志願服務亦可以打破生存、勞動、社會參與，破除傳統教育的窠臼，創造出全新的生活型態。生命的延長使人們在工作與學習間，產生更多的轉換機會，轉換不同的就業跑道，或者重回校園就讀，人生將有更多不同的選擇，這也是高齡社會發展的趨勢。

人口老化為全球主要議題，高齡者隨著平均餘命延長，也伴隨慢性病的增加，面對高齡者的迅猛增加，受到關注的是老年有沒有足夠經濟能力以維持健康生活、健康醫療資源，就是一個人老了之後會不會嚴重衰弱，生活會不會不安全，會不會被社會隔離、排除。是以「健康老化」強調的是能活的長，必須活得健康、活得有意義。從事志願服務工作是以關懷社會的意念，尊重和關心他人的態度來提供服務，而非具有階級性和歧視態度的行為，使得被服務者的自尊心受損。從服務中學習，是一種做中學的社會實踐，所學得的知能更加深化；從學習中展現服務，正是「活躍老化」的主要精髓所在。

就參與志願服務的方式言，可視為是自我導向學習的一種方式，個人隨性參與志願服務，量力而為，滿足心願，達成自己設定的目標。若干服務因專業的限制，無法做適當的處理，此時志願服務的介入，正好能達到這個目標。透過結構機會的創造來提升社區老人參與志願服務的可能性，譬如召募志工的資訊更加廣為周知、廣增在地擔任志工的機會、透過表揚肯定志工的貢獻、並提供志工訓練與支持等。同時，可分「隱性志工」及「顯性志工」。說明如下：

表10-3：高齡者志願服務的內涵

類型	特徵	內容
隱性志工	個人獨自行動	有明確的志工角色，但符合內心自願不求回報的服務原則，這是一種時時可做，處處可做的服務行為，是有效的人力發展，可以改變社會對老人的負面印象。諸如舉手之勞做環保，日行一善默默布施。
顯性志工	加入社團組織	採團體行動，是有計畫有規模的團體學習，合作性的服務活動，是一種非正規的學習社群，藉由助人的過程，增加其價值感，更可以對社區注入一股自助互助的力量，引領社區發展的風潮，真正落實福利服務社區化的理想，讓志願服務紮根社區，使自助互助的福利模式在社區永續經營。

（資料來源：作者整理）

老人社會服務比較偏於貢獻社會的服務，像是當志願服務的義工，參與志願服務工作的老人，不但是貢獻者，也是受益者，因為這樣能促進人際關係，也可以手腳並用使頭腦不老化。志願服務是一種很常見的公民參與形式，根據角色替代理論的看法，老年人參與志願服務工作是其退休後新社會角色扮演的形式之一。志願服務是為了增進社會大眾的利益，服務他人，而在服務他人的目標下，愛心、熱心就是社會大眾對志工的看法，鼓勵退休之人士及銀髮長者加入志願服務行列，以提供在地化的服務，發展老有所用的價值理念，開發銀髮志工方案。志願服務是與社會大眾互動的行為規範，也是維持專業生存的重要基礎。

對於老化問題的探索，除了著眼在照護疾病罹患、損傷不全或功能障礙方面，更應著眼在正面之健康生活、成功活躍、積極滿足與生產創造等。具獨特性的「正向老化」因此成為新興議題，希望能夠超越生物體的生物醫學年齡，從遺傳基因、心智行為、功能活動、社會參與等方面來促進人們在老年生活的活動功能與參與。

哈佛大學學者福山（Francis Fukuyama）所著《誠信（Trust）》一書，強調「信任」此一美德對支撐社會運作的重要性，正可視為一種社會資本。例如社會規範、公民參與、社區意識、人際網絡的運作規則等，都是社會資本，有助於促進社會的凝聚力。志願服務是一種公民參與過程，出於自由意志，非基於個人義務或法律責任，秉誠心以知識、體能、勞力、經驗、技術、時間等貢獻社會，不以獲取報酬為目的，以提高公共事務效能及增進社會公益所為之各項輔助性服務。助人者鼓勵個案探索可行的行為、協助個案決定行動、展現行動技巧的發展、對嘗試改變作回饋、協助個案評估改變並修正改變計畫、協助個案處理其對改變的感覺。志願服務於助人歷程包括三個階段：

表10-4：高齡者志願服務於助人的階段

類型	內容
探索階段	建立支持與發展人際互動關係、鼓勵社會參與、鼓勵終身學習、催化生命發展的探索。以幫助老人探索他們的想法、感覺、行為。
洞察階段	與老人一起建構新的洞察和瞭解、鼓勵老人在其想法、感覺、行動上所扮演的角色、志願者與老人討論社會參與課題。
行動階段	幫助個老人其探索和洞察的努力下決定所要採取的行動，激勵社會 大眾秉持「施比受更有福，予比取更快樂」的理念，發揮「助人為樂，服務為榮」的精神。

（資料來源：作者整理）

老人退休後主要的社會整合之途徑有：注重家庭連結及注重社會參與，而志願服務參與即為其中一項促進社會整合的機制。社會參與指的是高齡者參與社會生活，獲得社會中的各種資源，維持社會互動以拓展人際關係，充實生活內涵並獲得自我的成就感。社會參與是希望高齡者透過自己的生命經驗及技能，去參與正式及非正式的活動過程中，讓高齡者可以表現自已，並從中獲得自我能力的肯定和信心的建立，發揮自己的專業能力和生活經驗，與大家共同學習和互動。

世界衛生組織的政策架構指出：「活躍老化」是指「為了促進老人的生活品質，而有一個樂觀的健康、參與和安全機會的過程。」高齡志工在年輕時可能具備許多個人才能，而運用單位在召募時，不妨深入了解應徵者的專長或經歷，適時地讓他們有發揮的空間，例如：運用單位希望規劃相關才藝課程提供給社區內兒童或青少年時，則可針對高齡志工進行技能調查，如此即能邀請有攝影、插花、書法或是運動專才的高齡志工擔任講師，讓他們有揮灑的空間。高齡者志願服務人力的開拓，是一種長遠的社會工程，需要關心志願服務的個人和團體，大家群策群力，有計畫性、有前瞻性，持續推廣，以期落實「活躍老化和諧社會」的願景。

參、高齡者參與社區的發展

政府過去對於高齡者的福利照顧，傳統上多重視高齡者的住宅政策、保健照護、居家服務以及生活環境的提升等。然而隨著高齡者人口特性的改變以及需求的變化，亦逐漸的擴及高齡者的社會參與以及教育文化的服務。社區發展和國家現代化的終極目標幾乎是一致的。亦即，社區發展儘管只是一種社會福利工作，然而，在某些方面，如謀求自治的精神、改良教育、改變價值觀以及改善社會關係等，都對國家的現代化有很大的助益，甚至社會發展的重要部分。

要使老化成為正面的經驗，必須讓健康、參與和安全達到最適切的狀態，讓高齡者的老化過程擁有最佳的生活品質。聯合國（UN）自一九八二年起展開一系列關懷高齡者生命品質的國際性計畫「國際老化行動計畫」，將一九九九年訂為「國際老人年」，強調社會權為老人基本人權。優先考慮的內容包括：組織老人參加開發活動、推動老人的保健和福利事業、並確保社會有一個支持老人的環境使老人有不同的服務選擇。「志願服務」是依據老人的基本人權、能力、需求與偏好，老人可以持續的提供具生產性的服務貢獻社會，志願服務是社會參與的重要實踐，對於提升老人主觀的生活福祉與身心健康助益極大，有助於獲得社會肯定從而提升自尊。

高齡者參加社區活動的過程中，可增加自我價值感、可互相幫助與依賴扶持，形成不同於家人的夥伴關係、可帶來正向的生命意義感、可提供相對的社會支持網絡，皆有助於提升高齡者的生理與心理健康。然而，Egan（1994）指出四項助人專業中的缺損特質，將阻礙專業的助人過程。這些因素為：

表10-5：助人專業中的缺損特質

類型	內容
刻板僵化	無法修正助人方式以符合當事人的特殊需要。
過度控制	利用助人過程來掌控及操弄當事人。
彰顯自我	當助人者將自己置身於助人過程中的中心舞臺，以炫耀自己在助人過程中的各種能耐時，便不能將當事人擺在主要位置。
消極心態	當助人者不能夠，或不願意學習助人的技巧與方法。

（資料來源：作者整理）

臺灣面臨劇烈的高齡化挑戰，沉重的醫療支出、老人年金等社會保障制度，以及勞動力短缺的問題，對於社會的發展將是一大考驗。面對高齡社會，除了完備長期照顧服務體系與設備環境，更重要的是，讓年長者擁有一顆「不老」的心，不只是政府單方面的努力，而是結合當地企業、學校與民間組織的力量，共同提供年長者一個適合生活、發揮所長、彼此互助的社會網絡。

高齡者如果能參與志願服務工作，增加社會參與，有助於降低老年憂鬱症的發生、提升自我價值感，並維持與社會的連結，營造有尊嚴正向的晚年生活。掌握時代的脈絡與契機，提供高齡者再次貢獻回饋社會的機會，參與社區學習與服務工作，讓高齡者運用豐沛的經驗和智慧，發現自己存在的價值與尊榮，帶給高齡者個人或國家社會貢獻，創造更美好的未來。從事服務工作時，雖然是不重視金錢報酬的服務行為，但是並非無其他對個人有利的因素摻雜在內，例如增廣見聞、實現個人想法、還願或結交到好友等。

WHO在二〇一五年提出的世界高齡與健康報告（World Report on Ageing and Health），探討面對高齡社會政府在健康促進、健康體系及長照體系可以強化的方向與策略。設法提高民眾的健康素養（health literacy）從初段預防健康促進的角度，提高民眾的健康素養，有助於強化其生理、心理與社會的健康、正向思考的能力及幸福感。「SMILE」是簡易檢測健康的方式，包括：能睡、能運動、能夠與人互動、能有愛、能吃。

志願服務形成國家的社會資本，提升社會生活品質，促進社會融合與社會團結，對社會整合目標有一定的機能，推動高齡樂活與社區多元健康促進的方式已成為全球趨勢，社區多元健康促進已在世界各國出現，強化了公民社會與民主參與的實踐，並隨著各國制度的不同，有著不同之面貌。當高齡們開始願意參與社區志工服務後，如何使高齡志工們持續且持久地參與服務是一項重要的課題。高齡志工參與志願服務的因素，包括利己、利他、社會、及參與等四項：

表10-6：高齡志工參與志願服務的因素

特徵	內容
利己	為了自我心理的滿足及樂趣，藉由服務他人，而贏得具體之獎賞。
利他	以服務、助人為目的，為社會盡力，想從事有意義之工作，以行動表達對社區的參與及關懷行動。
社會	擴展人際關係、擴展生活層面的目的，避免孤立於社會。

特徵	內容
參與	針對政策、社會或社區情境有目的的加入志願服務，所表現的參與志願服務的行動。

（資料來源：作者整理）

高齡者志願服務展現的是社會資本，其不是「威脅利誘」而來，也不是靠實質的金錢投資或強迫的法令約束所能夠產生。是以，從自我成長到圓滿幸福的人生，高齡者「當志工，更幸福」，促成學習的典範。高齡人口參與社區成為迎接老化社會挑戰的優勢資源，而高齡社會的來臨，面對獨居老人需求的多樣性，包括在心理上、生活上、經濟上所需的援助不是只靠政府與民間慈善單位就能夠解決的，政府單位的經費有限，因此一定要靠自己社區中的人，有錢出錢、有力出力，再加上政府所能給予的幫助，才能夠建立起一套完整照護體系，也為發展樂齡學習社區開啟有利的機會。

對於有心從事老人社區照顧服務的志願者，政府應給予專業知識及服務技巧的訓練，由專業人員指導服務員從事服務工作，並定期評估服務成效及老人的生活需求，以提高服務品質。高齡志願者具有公民自治的意識強烈，累積出較豐富的社會資本。同時，展現「專業精神（professionalism）」，不但有其專業知識，更有專業倫理。藉由自律，展現服務。換言之，這種專業精神是基於主觀的尊嚴，和客觀的環境要求而產生的，是一種具有「公信力」的社會資本。對於具有專業技能的老人，不僅能運用其專業能力提供服務，更能針對其所接受的服務，加速品質的改善。為增加老人社區服務的人力，應透過宣傳招募並積極培訓志願服務者，建立照顧人力銀行，有制度的管理及培訓下，才能有效的推動高齡志願服務，使每一個社區能夠在感情上結合起來，達到鄰居間守望相助。

肆、長者參與社區發展事例

聯合國志願服務方案（UNV）「發展二〇一六－二〇三〇年行動計畫」，強調的是透過志願服務加強公民參與及擴大有利於環境的公民行動。志願服務係指「非基於義務而試圖幫助他人，且未獲得酬勞或其他實質報酬的任何活動」。高齡志工的參與動機是多重的，以利他性動機為主。高齡志工的服務工作內容多樣，以直接性服務為主。提倡老有所為，促進人力再運用，鼓勵智慧經驗回饋社會，促進社會參與。

推動活躍老化，可為高齡人口提供一個積極的護持環境。活躍老化更能夠達到在地老化的目標，其作為須包括生理健康、心理健康、社會參與、靈性歸屬、經濟自足等要素。建立周全的高齡志願服務的福利措施，建立居家式、社區式、機構式等照顧服務之多元化、連續性與服務輸送體系之可近性的服務體系，使長期照顧體制得以完成。透過學習社區的型塑，緊扣高齡者社會參與的落實，且兼顧社區終老的雙元目標，寓「在地老化」深意於社區的價值創新之中。積極生活參與投注方面，可包括：

表10-7：志願服務對高齡者活躍老化的貢獻

特徵	內容
人際關係的維持	包括情感性的社會支持（情感、尊重等）、工具性的社會支持（各類的協助），社會支持有助於健康。
生產活動的維持	包括有薪或無薪，能維持生產性活動，包含良好的認知與身體功能、教育程度、以及自我效能或自我掌控等。
精神心靈的提升	正向的靈性（positive spirituality），也就是宗教和靈性的特性，包括宗教的寄託、自我人生意義等正向力量。

（資料來源：作者整理）

老人要有正面積極的生活態度、行為及意識、健康的心理、活到老、學到老的積極學習動機，在老化的過程中才能迎面接受所遭遇的各項年老事實。「活躍老化」強調除了應維護高齡者的健康與獨立外，還須拓展到社會參與層面與社會安全層面，其中活力社會參與面向是指持續參與社會、經濟、文化，精神、公共事務等，非侷限於身體活動的能力、體力或參與勞動市場得能力活勞動力。因此積極提供老人參與社會活動的機會，如老人參與志工服務工作、終身學習教育、休閒活動等，以協助老人建立自我認知社會角色及社會關係，可以改變社會對老人的負面印象。

高齡志願服務體現「健康老化」，「健康老化」係：個體採取有益健康的行為，以維持或強化身體和心理功能，讓自己成為一個有活力的人，並積極融入社會之中，希望在穩定的社會環境中維持獨立自主性，進而保持有意義的人際關係（林麗惠，2006）。爰此，針對高齡志工所參與的職務再設計的推動，目標在於促進高齡志工投入的提升，維護高齡勞工的工作安全、健康與滿意，並使其得以順利繼續參與。因此任何有助於穩定與促進服務士氣，並積極

表10-8：高齡者志願服務的學習要領

類別	內容
掌握特性	妥善掌握高齡者生理及心理的狀況，及其在學習上的特性，相較於青壯年高齡者較缺乏創新構思能力，運用資訊的能力相對不足、執行力較差、較難適應新工作。如何運用適當的授課方式，來提升高齡參訓者學習成效。
工作設計	職務再設計是透過工作分析、工作流程、工作方法與工作職務等改變，將使高齡勞工在工作安全、健康與滿意等面向獲得改善與助益。其推動內容包括改善工作環境（含工作設備、硬體設施等）、工作條件（如工作時間、地點、福利、方法、流程等）、工作的關係與績效（包括團隊、主管與同仁等互動關係與績效）等。
增加信心	為使得高齡志工經由訓練增強工作職能，是在訓練設計時必須思考，若表現不佳的參訓者，要依其學習風格調適授課教材資源或課後予以加強輔導，增加長者對組織的歸屬感及責任感，使進度落後的學員能增強信心，並且加強學習內容對其工作上的應用性。
教學材料	教學材料應與高齡員工原來就具有的技巧與知識聯結，構思在地老人的屬性設計相關課程，以配合在地長者之民俗習慣，拉近與長者之關係，並以其為基礎加以發展，並運用一些策略，使其熟悉學習的歷程、工具及設備，可以提高高齡學習者的自信心。
同儕引領	借重高齡志工做為同儕訓練師或學習促進者，可以對其他高齡工作者提供學習上的問題解決與服務方式，增加高齡者的榮譽感及向心力，以提高高齡者的融合度與參與度。以有助於高齡者學習，將有助於協助學員完成整個訓練歷程。

（資料來源：作者整理）

提升工作生活品質的措施都屬於職務再設計的範圍。

從微觀的立場來看，協助身心健康的老人投入志願工作，是有效的人力發展，可以改變社會對老人的負面印象。從宏觀的層面來看，老人投入志願服務，不僅可藉由助人的過程，增加其價值感，讓高齡者有意願且可長時間參與志願服務，更可以對社會服務注入一股自助互助的力量，帶動社會發展的風潮。

協助身心健康的老人投入社區志願工作，透過社區中已經成形的老人組織，擴充其休閒育樂之外的功能於社區的志願服務，使其能夠就近在社區中為其社區的弱勢族群服務，運用社區高度參與且有意願參與志願服務的老人，建立人力資源網絡。對社區不僅是一個有力的人力資源，對老人而言，亦間接改變普遍社會對老人的負面印象。另外，老人投入社區志願服務市場，不僅可藉由助人的過程，增加其價值感，更可以對社區志願服務注入一股自助互助的力量，帶動社區志願服務的風潮，善用社區老人對社區的情感，規劃符合老人體力、智力的志願服務活動。落實福利服務社區化的理想，加強社區老人利他性參與的部分，以增加社區老人對社區的歸屬感及責任感，讓志願服務紮根社區，使自助互助的福利模式在社區中永續經營。

結語

聯合國在二〇一五年提出十七項永續發展目標（Sustainable Development Goals，SDGs），其中第八項提到「促進包容且永續的經濟成長，達到全面且有生產力的就業，讓每一個人都有一份好的工作」；文明進步的社會，宜促進彼此的接納、互助與團結，而不是歧視、對抗與分裂。為精進高齡者志願服務的推動，可強化志願服務推廣中心功能，以作為服務媒合中心外，亦能提供關於高齡者參與志願服務的培訓；就現行服務方案進行模式分析、與各單位的資源連結，發展結合服務、健康、休閒、樂活、心靈等綜合性的服務模式。落實福利服務的理想，讓志願服務紮根，建立整個高齡志願服務者的資源網絡，使自助互助的福利模式在社會永續經營。

第十一章　高齡者志願服務與社會融合

前言

健康維護與社會參與議題日趨重要，WHO提出「活躍老化」意即「為提升年老後的生活品質，盡最大可能以增進健康、參與和安全的過程」使民眾老年能享有健康、安全、活力、尊嚴和自主的生活。

由於經濟發展與生活水準的提高、醫藥與科技的進步，人們的平均壽命不斷延長，老年人口越來越多，老化程度日益攀升。聯合國大會一九八五年宣布每年的十二月五日為「國際志願服務日」，二〇〇一年並首度宣布「國際志工年」，提出國際志工目標有四：增進對志願服務的認識、促進志願服務的實踐、志願服務的連結與傳播及志願服務的倡導與推廣。

壹、高齡者參與社區服務的意義

高齡者可以根據其需求與興趣，參與志願活動或方案的規劃與執行，並在參與過程中，由機構內的工作團隊，讓他們親身體驗活動的規劃與執行，志願服務是個人或團體以自己名義而非被僱者身份從事的工作，他們這樣做純粹是出於為服務他人的意願，及服務助人的願望得到滿足。從延緩老化、健康老化觀點，持續參與社經生活與公眾事務，將志願服務連結如：連結社區關懷據點、教育部的樂齡學習中心或各地的長青俱樂部、長照各類服務、老人會等社區組織。可減少社會隔離，使老後保持活躍，並能獲得被肯定、受尊重與自我實現。

在價值變遷的過程中，不能全然依靠「因果福報」的觀念來推廣公益活動，而需要提高現代公民參與「公共領域（public sphere）」的自主意識，才能拓展公民社會的基礎。一九九六年國際老人會議的「老人人權宣言」所倡議，便是老人社會權的主要內涵。將老人社會權分為四大項：

表11-1：老人人權宣言的主要內容

特徵	內容	實例
生存權	老人年金、老人安養、健康保險、老人保護與老人住宅皆有必要由社會來提供。	經濟權、醫療保健權、家庭安定權、環境權、安養權。
勞動權	老人人力銀行、老人創業、老人志工等工作皆需大力提倡。	有酬職業權及無酬服務權。
社會權	提供老人作為一個社會公民的基本人權外，特別強調不得因為年老、體衰、活動慢而遭受剝削排斥；必需因為其年老、體衰、活動慢，而提供各種輔助措施，使老人可以順利執行其公民權利。	政治投票選舉權、藝文活動參與權、宗教信仰自由權、休閒娛樂自主權與社區鄰里事務參與權等。
教育權	老人大學、老人圖書館、老人用書、老人電腦、老人學習諮詢等服務皆有必要提供。	學習進修權、圖書服務權、教育諮詢權。

（資料來源：作者整理）

將老人看成社會負擔，只想到用福利政策、醫療體系來解決，是無助於釜底抽薪解決高齡需求；因此包括日本、新加坡、香港，紛紛建立起「在地老化」的社區環境，讓老人活得健康、安全，而且能有廣泛的學習及社會參與的機會。由人力資本理論角度而言，高齡者如果適應良好，又因具有豐富的人生閱歷，優質的專業知能，他們所擁有的智慧材料（工作經驗、專業知能、知識技能、智慧財產）能為社區創造公益，提升生活品質及社會和諧發展。

臺灣人口老化的速度比其他先進國家更快，加上傳統家庭代間支持與養老功能弱化，國人期待政府能針對老年經濟安全、健康照護服務提供更多政策支持與更優質的福利制度。高齡者的健康促進的目的，在維持高齡者的生活品質及生命的尊嚴，此項工作需要家庭、社會與政府來共同提供。高齡者透過志願服務，超越生理的發展，活出生命的意義係屬其重大的課題。因為快速的人口老化及都市化，使得傳統大家庭的制度及家庭支持體系難以維持，高齡者倚賴家庭成員照護的希望將愈來愈難以實現。

高齡者因平均餘命延長而使人數逐年上升，惟並不代表其健康餘命延長，高齡者生理機能退化及慢性疾病增加的情況難以避免，未來可能所產生的醫療及照護費用，預期亦將快速增加。隨著年齡的增長，身體的各方面機能也會跟這慢慢的退化，根據WHO的定義，健康不僅是沒有疾病的，而且是要一個完整的身體、精神和幸福感同時存在的狀態；因此促進高齡者健康，提升高齡者社會參與知能，以協助高齡者成功老化，都將是老人政策重點架構之一。援引積極心理學（Positive Psychology）對美好生活（good life）的實證研究顯示：人們從事助人或慈善活動時，往往比個人享樂帶來更多和更持久的正面情感，將是促使高齡者志願服務發展趨勢，是朝向社區化、在地化、專業化。

人類壽命逐漸延長、社會高齡化程度與國家開發程度成正比。高齡者的養護觀點，其政策認知的背後存在著老人都是需要照顧的、高齡者都是需要接受服務的，甚至是老人是生病醫療的代名詞等刻板印象，大環境的普世觀點，使得多數高齡者逐漸放棄其優勢的身心條件，順從成為需要被他人「照顧、照護、養護、安養」的對象。是以，福利制度增加財政負擔、老人勞動人口縮減、商業及消費型帶改變、產業調整、家庭結構窄化、教育重點轉移等，均帶來社會的衝擊，帶領我們朝向不一樣的未來。社會在邁向現代化的過程中，原本緊密的傳統社群在都市化與工業化的衝擊下崩解，受到科學及理性的挑戰，現代人無力獨自面對劇烈的社會變遷，導致基本的生存處境受到威脅或干擾。因此，社會上逐漸出現以「自助人助，自立利他」的作為。

處於高齡化浪潮之中，高齡人口正急速上升。從延緩老化、健康老化觀點，持續參與社經生活與公眾事務、志願服務或終身學習，可減少社會隔離，使老後保持活躍，並能獲得被愛、受尊重與自我實現。Peter Laslett將人類的生命期分為四種年齡，其界定並非按年代順序、生理年齡或社會年齡。四種年齡的定義區別如下：

表11-2：人類的生命期分為四種年齡

特徵	內容
第一年齡	為成人生活做準備的階段，其特性為依賴、社會化以及學校的年齡。

特徵	內容
第二年齡	社會工作後，成家立業，進入婚姻關係及扶養子女的階段，其特性為成熟、獨立，擔負生活家計以及社會責任的年齡。
第三年齡	退休或離開工作場所，並且停止許多家庭的責任，個人得以自由地追求、滿足自己的想法、興趣和需要，其特性是屬於個人成就的年齡。
第四年齡	依賴、衰老，以及死亡的年齡。

（資料來源：作者整理）

個人生命延長原是值得欣喜之事，但現代社會變遷快速，致使社會大眾及高齡者皆未能做好相關準備，而衍生出許多問題。世衛發表《健康老化十年行動計畫（二〇二〇至三〇年》，揭示消除高齡歧視與暴力、減少經濟貧窮及性別落差、健康促進及社會參與是應急切改變的工作。高齡者越來越多，卻經常被從「問題」的角度思考，高齡者抑鬱寡歡、孤獨自憐有上升趨勢。根據許多研究發現，志願服務為高齡者尋找一條幸福的路徑，應從內部關係的建立、激發信賴與促進合作著手，積極培育社會資本，同時善用社會資本，帶動員工知識分享，進而蓄積智慧資本，並為面臨高齡化與少子化雙重衝擊的社會尋找人力資源。

丹尼爾・巴特森（C. Daniel Batson）的著作《Altruism in Humans》，認為我們對身處困境當中的人感同身受時，便會產生真正無私的給予行為，對方越需要幫助，或我們對他們的情感越深，所引發的同理心就越強烈，助人或慈善活動就是關懷關係的建立。辦理高齡志願服務，宜朝向生活品質的提升，它含括了生理安適感，功能安適感，經濟安適感，社會安適感，心理安適感，及心靈與哲學安適感等六個層面的安適目標。志願服務促進社區老人身心健康，發揮初級預防照顧功能，建立連續性照顧體系。結合有意願團體參與設置，由當地民眾擔任志工，發揮社區自助互助照顧功能，並落實在地老化及社區營造精神，建立社區自主運作模式，使得生活照顧及長期照護服務等工作可以就近社區化——由在地人提供在地服務，建立社區照顧自主運作模式，以符合當地居民的生活需求，並將長期照顧制度與社區照顧連結。

由於民主意味著透過建立合作、參與、自主管理的公民治理框架，而可以發展不同形式的人民參與途徑，其中，強調社區自主組織的治理機制，可謂人民直接參與社區公共生活和事務的管理與執行的最佳場域。在社區中，那些離開職場單位，回歸社區生活的老年群體，經由參與社區組織的團體活動，形成了一個相對穩定的老年夥伴群體。由此群體而建立的老年互助體系在其現實生活中往往起到重要的作用。社區營造實代表著一種社會思想模式的轉變，強調一種由生活者立場出發的思考模式，由下而上，重視居民的參與性，以營造一個可以舒適生活和永續經營的家園。

世界衛生組織主張社會參與包含社會經濟、教育文化和宗教活動等。社區營造者倡議「社區作為一種生活方式」，主張社區公共生活中的政治參與、社會參與、以及文化參與，都是屬自由民主社會中公民權的重要展現方式，強調社區民眾不應侷限在私領域家庭生活與經濟生活裡，而應該走入公共生活中。因此，社區營造需要營造一種民主化和公共化的生活環境，提振社區居民的公共意識，由地方社區自行主導，自己思考自己地方的未來發展需要，主動關心參與自己的生活空間環境的規劃，讓社區民眾自立自強。

貳、高齡者社區關懷服務的價值

人口結構的老化會對國家的經濟、教育、醫療、產業 發展及家庭結構等造成影響，若政府對老年人口相關的政策有明確的方向，將能引導國家社會做好因應人口老化所帶來的各種衝擊。日本於一九九五年制定「高齡社會對策基本法」，規定了政府在「就業與所得」、「健康與福祉」、「學習與社會參與」、「生活環境」等四面向所應執行的基本政策，其目的在於建構一個讓每位國民一生安居樂業，並且創造無限生命價值的社會，作為高齡化社會未來願景。並界定高齡社會對策的基本方向，從各個面向，全面性地推動高齡化社會的因應對策。執行高齡化社會對策時，應同時促進經濟社會健全發展與國民生活安定為目的，此外還必須以建構「公正有活力的社會」、「本著自主與互助精神構成地方社會」、「豐衣足食的社會」等作為基本理念。

由於人口結構高齡化，平均餘命延長，使得老人照顧需求相對增高，同時因經社環境變遷，家庭結構核心化，婦女就業需求亦大增，致使家庭所能扮演的照顧功能漸受影響。臺灣「健康社區六星計畫」的推動，以社區營造及社區自主參與為基本精神，鼓勵民間團體設置社區照顧關懷據點，提供在地的初級預防照護服務，再依需要連結各級政府所推動社區照顧、機構照顧及居家服務等各項照顧措施，以建置失能老人連續性的長期照顧服務，以社區作為一種生活方式之社區營造發展，體現「社群主義（communitarinism）」的實踐。其中「社區照顧關懷據點」是由村里辦公處及民間團體參與設置，邀請當地民眾擔任志工，提供老人關懷訪視、電話問安諮詢及轉介服務，並視當地需求特性，提供餐飲服務或辦理健康促進活動；期透過在地化之社區照顧，使老人留在熟悉的環境中生活，同時亦提供家庭照顧者適當之喘息服務，以預防長期照顧問題惡化，發揮社區自助互助功能。

因應人口結構高齡化，為加強社區老人照顧需求而開發的非正式社會資源，目前大多由社區發展協會及基金會來承接社會需求而設置。志願服務的參與，不僅可讓高齡者參與社會，亦可增進個人的生理及心理健康，肯定自我及提升自主性。志願服務強調利他主義的實踐，助人者自身並無獲益甚至需付出代價時，仍願意幫助他人的意念。生命之間的感通是超過我們對自我的利益之上的自我要求，它很自然形成人類社會的一些最基本的規範。利他主義者幫助他人，並非考慮對自己的助益，甚至可能因此付出一些代價。

近年來許多先進國家非常強調孤獨對於個人健康的危害，「living well」，很重要的就是建立社會連結與社群參與，有研究顯示：孤獨對健康的影響。因此英國特別設立孤獨部長（Ministry of Loneliness），希望透過政策制定和各種方式來減少長輩的孤獨感，增加社會連結。當代的社區營造內涵的參考依據是：以一種加強價值和建立社會和人群資本的方式，強調具體改善方案；凝聚居民參與的社區趨力。而高齡者豐富的工作和社會經驗，更是重要的社會人力資源，鼓勵高齡者參與志願服務，可讓其發揮所長，貢獻社會，增進社會公益。

從社區資源網路來看，無論醫療院所、學校、慈善會、企業組織，站在外展服務推廣或回饋社會的立場，高齡者志願服務具有提升老人生活品質、促進社區發展等多項目標，與社區機能彼此串連，更可帶來加乘效果。社區志願服務的任務目標，主要有以下幾點：

表11-3：社區志願服務任務目標

目標	內容
普及照護	落實預防照護普及化及社區化目標。
生活歸屬	發揚社區營造及社區參與精神，發展在地社區生活特色。
預防失能	發揮長期照顧社區化功能，建立社區照顧支持系統。
在地老化	透過在地化之社區照顧，使失能老人留在社區生活。
喘息服務	減緩家庭照顧者負擔，提供適當的喘息服務。

（資料來源：作者整理）

由於人口結構高齡化，平均餘命延長，使得老人照顧需求相對增高；社區的照顧問題已迫在眉睫，除公部門所提供的正式資源外，開發非正式的社會資源，更可強化社區照顧的能力，期望以社區營造及社區參與精神，鼓勵更多的志願服務，提供在地的老人照護老人機制。

社區照顧是一種「去機構化（de-institutionalization）」的過程，意即當不需要接受密集性的醫院照顧時，人們可以轉往護理之家，或到較不需要護理服務的住宿機構（residential home）；且更進一步的是，如果人們可以在家中接受照顧時，社會應盡力協助人們獲得「回復原有機能」的支持性服務，例如居家服務、日托或是送餐等，讓人們可盡量在其所熟悉，且與一般社會相似的環境中生活。長者們可「落葉歸根」，不僅能讓長者們認識社區中其他的老人與熱心的志工，大家閒話家常、分享生活點滴；長者們還可使用社區的照護機能等等，讓長者們在熟悉的社區安老生活。

隨著臺灣人口結構的高齡化，無論在政策推展、醫療照護、健康促進等，「志願服務」是一項助人利己的積極作為。志願服務展現利他主義，源於拉丁語alter，意為他人的，十九世紀法國社會學家孔德（A. Comte），把它作為一種道德原則引進倫理學體系。志願服務是民眾出於自由意志，非基於個人義務或法律責任，秉持誠心以知識、體能、勞力、經驗、技術、時間等貢獻社會，不以獲取報酬為目的，以提高公共事務效能及增進社會公益所為的各項輔助性服務。

高齡者從事志願服務過程中，除了是為了尋求替代性的社會角色外，對其個人可以增進身體的健康，也從互助過程中找尋到溫暖，可享受歡愉的氣氛；亦可以維持自己的健康狀態。高齡者在參與社區服務工作得到個人的轉變，家庭成了間接的受惠者，因為參與社區服務帶來家庭的轉變，付諸實際行動協助社區安全維護與服務他人之責任，並從服務過程中結識朋友與拓展人際關係，進一步成為家庭與社區互動的最佳橋樑。

高齡社會是必然的趨勢，老年不是人生的最後終點，而是另一個人生的出發點，退休並不是與衰老劃上等號，而是一個全新的開始，佛洛姆（E. Fromm）在其所著《高齡魅力》一書中指出：「退休後的生活秘訣是計畫生活、享受生活、熱愛生活。高齡的快樂生活，取決於一個人的態度。」透過一種政策引領，賦予社區營造具備社會資本與公民治理的發展空間，以開啟人與社區的自主覺察與實踐的一項社會工程。健康是民眾的重要資本，亦為高齡者最重要的議題。在健康生活面向，透過積極推動長者的生理、心理、社會健康識能以及自我保健概念，運用志願服務社會參與，並結合人文精神，提升人際互動，以延長健康時間，全面提升老年生活品質與尊嚴。參與志願服務的機能，主要的因素：

表11-4：高齡者參與志願服務的機能

特徵	內容
個人價值	是以個人的感覺、價值和判斷來決定是否參與志願服務，本著自我願意與選擇而結合，以獲得自我生命價值的肯定和自我實現。這種參與動力重視自我感覺，如求取經驗的需求、成就的需求等。
人際關係	強調外在因素導向，強調相關他人所產生的趨力，不計酬勞，是一群追求公共利益，是人性至善行為的發揚，例如可以結交朋友、朋友或同事的邀請等，這是以團體的規範、志工活動的社會地位、對未來社會關係網絡的助益來決定是否參與。
社會責任	針對政策或社會情境因素所表現的反應，是公民參與社會的責任表現，人人都有能力，處處都能貢獻與付出。例如表達社會責任的需求、回饋社會、履行社區責任。

（資料來源：作者整理）

Peterson（1972）提出「活動理論」認為，個體要成功的老化必須維持某種程度的活動參與及角色的投入，人們的自我認同來自於生命中所扮演的角色，老年人仍具有正常的心理和社會需求，大部分的老年人均不願喪失「社會角色」，同時透過活動（action）來創造生命新的角色，強調老人積極的社會參與才有良好的生活調適。老年人有一種自然的活動傾向，樂於參與社團活動及他人交往的機會，具備高活動力的老年人，將享有較好的生活滿意度及較佳的問題因應能力。

高齡者透過參與志願服務或是終身學習的課程，不只是社會參與而已，其實也是人際關係的維持，甚至是拓展，所以要持續的參與社會活動，才是成功老化最好的方法，如同Rowe & Kahn對於成功老化的定義，成功老化不只是生理和心理的維持健康，同時在社會層面也必須要維持一定的人際關係、社會支持，活躍的參與社會活動，從不同層面探討才能夠達到全面的成功老化。

老年人雖然生理功能的下降，但可透過社會參與的過程，使其生活保持活躍，提高生活滿意度，建立自我認同，可以提升晚年生活品質，而透過家庭或朋友的支持也可以增加其參與活動的契機，且老年人在進入老年生命週期時，仍希望可以藉由積極參與社會活動的機會，重新獲得肯定及減少老人就是無用的刻板印象。因此，倡導健康活力老化、積極社會參與之觀念，以及鼓勵老人參與志願服務、強化社會融合及社區回饋，成為未來老人福利服務推動時的重要指標，激發老人走出來，激發追求自我實現的目標，藉由各種形式的活動參與、社會參與可以互相學習、相互扶持，讓老人家身心健康，進而減緩家庭與政府的照顧及醫療負擔，目標是為了讓老人享有健康快樂有尊嚴的老年生活。

參、高齡者社區服務與社區學習

高齡社會所帶來的衝擊化為發展的契機，活得老也要活得有品質，讓高齡者是積極的老化，健康的老化，並提供一個老人展現健康活力與生命價值的舞臺，激發老人的社會參與以及人際活動，達到健康促進的目的。成功老化是從生理、心理和社會層面來達到滿足。因此，在高齡者政策上應轉化「福利觀」為「教育觀」，在認知上應從「養護觀」修正為「資產觀」，在生活方面將「消費者」變為「生產者」。

近年來，醫療科技的進步與個人保健觀念的提升，多數高齡者自己或家人的照顧週到，身心健康維護的情況遠比十數年前要好，也就是說，除了部分特殊身心疾病的高齡者外，目前高齡者身體狀況普遍良好，高齡者有三大特徵，健康良好、有經濟的保障和教育程度高，與過去對老年人的刻板印象不同。志願服務人員在實務工作中，根據助人的哲學理念與價值觀，助人專業倫理守則，服務機構的規定，當事人的福祉，及社會的規範，以作出合理而公正的服務。

促進老人身心健康，發揮活躍老化功能，建立預防醫學體系。結合有意願老人擔任志工，發揮社區自助互助照顧功能，並落實在地老化及社區營造精神，建立社區自主運作模式，使得生活照顧及長期照護服務等工作可以就近社區化——由在地人提供在地服務，建立社區照顧自主運作模式，以符合當地居民的生活需求，並將長期照顧制度與社區照顧連結。推展老人社區照顧的理念有如下數點：

表11-5：社區推展老人社區照顧的理念

原因	內容
相互扶持	隨著高齡化社會的來到，老年人口愈來愈多；也隨著醫學的發達，老人長期慢性病患也愈多。要達到成功老化有多項指標，包括生理上降低疾病或失能的風險，在社會面向上積極的參與社會活動。

原因	內容
自立生活	與社會隔離式的機構照顧，易使案主們在心理上受到損害，並妨礙他們獨立生活能力的需要。社區照顧要在心理上維持身體和心智的正常機能。
喘息協助	實際上長久以來，大部分有需要照顧的老人都是留在家裡由其家人照顧。但長期照顧下來往往會造成照顧者疲累與壓力。因此，可積極推動老人志願服務及社會參與，讓老人對於社會真正做到退而不休，繼續貢獻己力的精神。
經濟考量	建造和經營照顧機構是相當昂貴的，尤其是因應福利國家導致的財政危機而縮減福利預算，社會福利部門沒有能力再大量收容有需要照顧的老人。相對於遠離家園去到一個陌生的機構，而是生活於熟悉的家鄉社區接受照顧，並可使用據點內的健康器材等，達到身心健康的效果。
社會融合	讓有需要照顧的老人留在家裡生活在熟悉的社區環境中，並且又能就近得到適切的照顧，讓老人從家裡走到關懷據點，參加精心設計安排的健康促進活動，這種方式是更具人性化且較符合社會融合的原則，還可認識社區中其他的老人與熱心的志工，大家閒話家常、分享生活點滴。

（資料來源：作者整理）

世界衛生組織於二〇一二年以「高齡化與健康」為主題，認為保持健康才會長壽；強調在人口迅速老化的過程中，各國政府更應採取積極有效的策略與行動，包含促進國人良好的健康行為，預防或延遲慢性病的發展，創造並強化老人健康生活及無障礙的友善環境，鼓勵老人多方參與社會，使人們得以最佳的健康狀況進入老年，延長健康壽命、積極老化。建立互助與溫暖的居住環境，是我們的共同目標，讓老人能在熟悉的環境，與親人、鄰居、老朋友一起而做做活動、互相關心、分享生命的經驗，是營造的共生關係及利於老人居住的健康環境。

隨著知識經濟時代的來臨，提早退休與即將退休的專業工作者其實仍有足夠的心力、豐富的人脈與工作經驗，老年人由於積累了豐富的人生閱歷，如果參與志願服務活動，無論是對社會、機構，以及對志工本身而言都是一大福音。未來如何適當地再運用高齡專業人力或志願服務人力。高齡者參與志願服務，不僅對個人、家庭、甚至是社會都有積極正向的功能和影響力。近年來，為鼓勵高齡者參與志願服務，政府、民間團體推動多項高齡志工方案，期望提升高齡志工的服務量能與人數。高齡者在很多社會中，經常扮演著傳遞訊息、知識、傳統和精神價值的角色。這種重要傳統，仍應繼續存在於人類社會中；所以長者志願服務體現「老有所用、老有所尊、老有所安」的展現。

社會資本就是透過社會關係取得的資本，這種資本是存在於個人的社會關係之一種利益，而影響這種社會關係的因素，則有關係架構、人際互動，以及建構個體所擁有的共同脈絡和語言。志願服務為個人帶來的成長與改變，包括能學習到服務相關的知識與技能、提高問題解決能力、增進與他人合作的能力、培養多元價值觀、減緩老化、促進身心靈健康等效益。持續參與服務的動機可歸納為：

表11-6：高齡者持續參與志願服務的動機

原因	內容
個人因素	人類不僅有利己的傾向，同時也有利他的傾向。老人參與活動的次數愈多、愈積極，就愈能擴展自己的生活圈，並從中找到樂趣及生活上的寄託。志工如能提供老人社會參與的機會，降低老人被社會排除與隔離的處境，對於參與志願服務工作會更持久。

原因	內容
人際因素	保障老人權益，提升老人生理及心理健康，促進成功老化；同時與組織中成員及其他志工的相處情形、同事關係、人際互動、拓展、和諧情形較佳者，較能持續參與志願服務工作。
工作因素	滿意組織工作的結構，且可替機構盡力分勞、滿足其服務價值，以正確的態度看待老化現象，建立一個親善及無年齡歧視的社會環境，工作被肯定以及能獲得成功的證據，較能持續參與志願服務工作。
機構因素	志願服務機構有明確的使命與願景，開放和諧的組織氣氛，協助成功適應服務環境，良好志工福利制度和獎勵制度，提升老人退休後家庭生活及社會的調適能力，並減少老化速度等，能吸引志工持續參與。
環境因素	社會參與是多面向的，包括經濟、社會、文化、教育、政治及公共事務、公共政策，老人可就其興趣與能力選擇適合自己的參與項目，人口變遷、就業市場結構與趨勢、文化特質因素、老人對福利需求的趨勢、政治體制，政策鼓勵及配合、政策客觀限制等。

（資料來源：作者整理）

看見社會需求的高齡政策，必須先整合現有資源，並以生命周期觀點及早建立活躍老化資本。藉由社會參與，一方面扮演著一替代性、有意義的社會角色，建立新的人際關係，以滿足社會互動的需求；另方面，透過服務人群，將其智慧、經驗貢獻社會，可增進老年人的社會歸屬感，自我價值與自尊心。進而發揮「退而不休」的精神，達到「老有所用」的境界。

鼓勵老人社會參與不僅提供老人活動及發揮的空間，更增加社會上可茲利用的人力資源，讓老人不再是刻板印象中的依賴人口及社會的負擔。高齡志工在年輕時所累積的工作經驗或技能，就是運用單位可以善加利用的特點。鼓勵高齡者參與志願服務，避免退休對高齡者造成作息上的衝擊，推動高齡退休準備教育與服務，幫助長輩積極規劃退休生活；鼓勵初老服務老老，參與志願服務回饋社會，推動志工人力銀行，發展志工多元服務創新模式，提升高齡者參與志願服務量能。

肆、高齡者志願服務與社會融合

我國的「志願服務法」對於「志願服務」一詞定義為「民眾出於自由意志，非基於個人義務或法律責任，秉持誠心以知識、體能、勞力、經驗、技術、時間等貢獻社會，不以獲取報酬為目的，以提高公共事務效能及增進社會公益所為之各項輔助性服務」。參與服務過程中發展出的智慧，例如知福、惜福、感恩、真正體會施比受更有福等，亦有益產生快樂感、幸福感、意義感，進而間接促進身心靈的健康。於志願服務對老人所達成的活躍老化有點下幾項貢獻：

表11-7：志願服務對高齡者活躍老化的貢獻

特徵	內容
促進身心健康	包括身體與心理的健康，增進老人生活情趣，達到健身和防老的雙重效能，使老人活得更健康積極，更有尊嚴和更能自由獨立，並在年齡不受歧視下，更積極參與社會。
增進生活視野	建構一個有意義的生活，建立老人人力銀行，藉此來維持及預防長者的能力減退，有別於傳統物理治療的運行模式，滿足老人休閒、康樂、文藝、技藝、進修及聯誼等需求。
提升人際互動	建立與改善關係，包括人際關係、家庭互動，透過老人參與社團或社會服務活動，讓長者獲得服務社區和社會的機會，增進與社會互動關係及精神生活。

特徵	內容
滿足生命發展	正向的改變與自我形像，擁有健康、活躍積極、成功滿足與生產創造等正面價值，將社區的服務融入健康促進活動之中。

（資料來源：作者整理）

現代社會在高齡議題上，展現的是「敬老安老與社會融合（respect and social inclusion）」的養老模式，相對於「社會融合」是「社會排除」。「社會排除」是一種歧視現象，表現在日常生活中：1.正式公民權的排斥；2.勞動力市場的排斥；3.公民社會參與的排斥；4.社會領域的排斥。「社會融合」是指促進社會參與的過程中，是針對那些基於年齡、性別、身障、種族、族群、經濟或移民身分而遭受到不利的民眾，避免在缺乏機會與資源，且無正式權利發聲管道的狀況下，遭受社會排除的困境。社會融合的基本價值就是把每一個人帶進來（bring people in），才不會有人被遺棄。社會融合是社會朝向正向發展的重要基石之一，也是邁向公義社會的價值所在。透過提供遭受不利的民眾有更好的機會，促進其使用資源的管道，以及提供發聲管道，並尊重其權利的方式，來提升其生活品質，排除產生的社會參與障礙。

當我們的社會快速邁入老人國門檻，而鄉村青年人口外流、人口老化等問題，更加深老人福利政策在地落實的重要。社會資本視為組織的特徵，諸如信任、規範以及網絡，能夠通過促進合作來提高社會的效率。透過社區居民的自主參與，以建立多元的社區照顧服務型態，主動關懷老人、服務老人，並鼓勵志工熱情無輟的參與，同時也充分結合與開發社區各種人力、物力資源，以回饋社區。社會資本概念就充分肯定了社會對個體行為選擇的約束和推動，沒有把個人和社會對立起來，避免了存在個人與社會間難以調和的緊張，社會資本的提出反映人本主義的復興。高齡志願服務在各社區為長者服務，且有許多已經發展出自己的特色，包括：協助老人出版生命故事作品集、組織老人活動表演社團、創造社區特色名產、結合社區相關資源等，不僅讓老人活化，更讓社區活化。

高齡志工能逐漸走上永續提供社區老人照顧服務，服務供給形式主要來自於非正式部門，透過血緣、親緣所建構的初級社會網絡，通常出自於一種自發性，且不要求等價物質回饋的情感，辦理高齡志工的單位，多為社會福利單位、鄰里長、社區發展協會等促成社會融合，服務項目包括：

表11-8：社區照顧服務供給的項目

項目	內容
關懷訪視	實證發現社會關係愈好、社會網絡愈強，其老人的健康及心理滿足感就會愈好。對於社區中獨居、有特殊需求、行動不便或長期臥床之老人，了解其健康狀況，給予情緒支持及紓解，並建立特殊問題發現及通報機制。
電話問安	針對社區中獨居、參與社區活動意願較低或家中有特殊需求的長輩提供服務，藉由電話聯繫，予以關懷支持及紓解，聯絡彼此感情，並提供長輩福利諮詢。
餐飲服務	對社區內行動不便、生活無法自理、獨居或乏人照料的長輩，提供定點及外送餐食服務，解決用餐問題。
休閒活動	休閒娛樂對任何年齡層的人來說是生活中不可或缺的重要元素，藉由休閒娛樂活動我們放鬆緊繃的情緒並讓生活過得多采多姿，提供文康休閒活動設施，如益智遊戲、書報雜誌、健身器材、勞作遊戲、花草栽植及各種棋藝設備，增進老人休閒生活樂趣，旅遊活動、各類主題演講、公共事務討論會、展覽會、旅遊活動等，擴展老人的社交範圍。

項目	內容
健康促進	老人的健康問題已成為健康照護政策的重要議題，透過老人健康照護意識的覺醒，進而形成對老年人健康促進的重視。藉由體適能活動以提升老年的生理機能，推展老人規律運動以促進健康，提供護理服務、居家照護指導及衛生教育等服務，提升老人對疾病預防及保健的知識，透過方案活動的參與，進而提升社區老人生活品質。
學習活動	舉辦各項文康休閒，開辦課程講座，如：身體衛教保健講座、體能活動及文藝活動課程。提倡保健知能，不僅可降低衰老的速度或延緩老年人傷病、殘障和死亡發生，減少社會對老人醫療的成本的支出，並提升老年人的生活品質，增進其生活滿意度。

（資料來源：作者整理）

隨著老年人口的快速成長，慢性病與功能障礙的盛行率呈現上升趨勢；而這些功能障礙者或缺乏自我照顧能力者，除了需要健康促進與醫療服務，以延緩老化或降低失能發生率，也有長期照顧服務的需求。就社區營造而言，社會資本內容可能包括社區個體、團體與組織之間的信任、規範、價值、網絡、互動，以及社區內的個人與組織之與社區外部個人、團體或組織的互動，建立以「社區」為基礎的預防及照護體系，維持及增進失能、失智長者的健康與生活品質，以達到在地老化的目標。

推動社區高齡志願服務，志工的整合與凝聚力會是最大挑戰。如今臺灣的大專院校有不少高齡健康或是老年照護系成立，如果社區可以與大專院校合作，建立學生的實習系統，便可以增加交流，讓學生在實務上更有機會接觸健康的長輩，提供更多健康促進的活動並且學以致用。社區亦同時挹注青年活力，展現社區高齡服務的「活水源頭，永續發展」。社區照顧是要發掘並聯結正式與非正式的照顧資源，讓這些資源單位輸送照顧服務給有需要長期照顧的老人，使他們能和平常人一樣居住在家裡生活在社區中，而又能得到適切的照顧。將一系列的健康促進服務方案帶進社區，例如：體適能運動、長者生命回顧、長青學苑等，還有針對社區弱勢長輩的急難救助、房屋修繕、大掃除等個案式服務。更能透過團體式的參與，彼此激勵與學習。

結語

發表於《預防醫學雜誌》二〇〇八年的研究，證實社交能力愈好的老人，身心機能均比同年齡的老人來得健康，能關心他人、參與社會或是學習成長的老人，致病、致殘疾病產生的時間也較其他老人來得慢；老人參與活動對老人有快樂、滿足、創造力、學習與身心成長的意義。志工從服務過程中不斷與自己的心靈對話，並從實踐中的反饋累積一種新能量確立生命的價值，並在助人行動中更新自己的生命圖像，省思生命的意義與價值，並圓融人生進而洞悉自我肯定自我。借重越來越龐大的高齡人口所創造的社會資本，除了老年可以安居在自己熟悉的社區中，營造在地老化的生活圈，讓老年有豐富的社會參與，從志願服務的發展，打造黃金人生的圓滿路徑。

實證研究多揭示：老年人志願服務與整體生活適應有關，志願服務的程度愈高，心理、生理、社會與生活適應愈順暢。志願服務付出時間與精力，使他人的福祉受惠，且這樣的行為是出於自由意志而非財務報償或強制服務等其他因素。高齡者透過志願服務中獲得在經過無私的奉獻和付出後，能檢視自己的生命經驗，培養覺察和醒悟的能力，重新創造自我概念和生命價值。

第十二章　高齡者志願服務與公民社會

前言

隨著人類壽命不斷延長，人口高齡化已成為全球趨勢，臺灣的人口結構也因此帶來巨大的改變。老年人口的比例是衡量一個國家社會的發展指標之一，人口結構的老化將會對國家的經濟、教育、醫療、產業發展及家庭結構等造成影響，若政府對老年人口相關政策有明確的方向，將能引導國家社會做好因應人口老化所帶來的各種衝擊。

在社會變遷的過程中，由於人口老化現象所造成的人口結構的轉變，影響了社會的各個層面。其具體呈現在政府的財政負擔、經濟成長的趨緩、教育重點的轉換、銀髮產業的興盛、老人消費的崛起。為了讓老化成為正向的經驗，世界衛生組織公布《活躍老化政策框架》包括三項支柱，強調透過「老年人的社會參與」、「老年人的身心健康」以及「對老年人的社會、經濟及生命安全的確保」等策略，來因應人口老化的問題。

壹、高齡志願服務的精神

佛洛伊德：「愛與工作，是人生最重要的兩件事」。英國長者服務組織 Age UK 的座右銘：就是「熱愛晚年生活」及「提升幸福感」，因此與其強調照顧服務，並以此做為其「個人化整合照顧服務的核心目標。我國社會的老年人口明顯呈現快速成長的現象，因此關懷老人、重視老人、加強社會參與，成為社會發展的重要目標之一。面對未來人力發展可能出現的轉變，思考如何面對工作年限延長，如何讓高齡者在人力資源發揮更大的效用，對組織持續帶來正向的影響，包括：推動高齡者職務再設計，加強在職訓練，採取正向情緒、強調個人長處，以幫助追求快樂與美好的人生，以呼應聯合國二〇〇一年「國際志工年」的「全球志工宣言」：積極朝向「志工和公民社會的年代」。同時將十二月五日訂為「國際志工日」，以達到《聯合國老人綱領》中提到的「自我實現」的人生價值，邁向「活躍老化」為願景，且建立有一套成員共同遵循的參與機制的社區生活型態，其發展成效，刻正受到高度關注與積極倡議之中。

人口高齡化已呈必然的趨勢，在「人口結構高齡化」中，隨諸而來的是「疾病型態慢性化」、「健康問題障礙化」、「照護內容複雜化」及「照護時間長期化」之外，如同Rowe & Kahn（1998）

表12-8：高齡者志願服務的精神

項目	內容
意義	增長老人智慧、開發老年人力資源，保障老人社會權、豐富老人精神生活，協助老人社會適應，促進老人社會參與。
目標	改善生活品質、持續社會參與、適應社會變遷、促進成功老化、發展生命意義。
價值	可增進心智能力的成長、做好高齡者生涯規劃、激發社會活動的參與、協助其達成自我實現。

（資料來源：作者整理）

指出「成功老化」需保有多種關鍵能力，包括：降低疾病風險、減少失能機率、維持認知功能、促進身體的功能、積極的社會參與等要素，即為成功老化模式的重要成分。從事志願服務活動者，則能激發個人自主能力、增進人際溝通與提升專業能力、擴大社會空間、提升社群聲望、結交志同道合的朋友、豐富生活內涵等。

《老人福利法》規定：「主管機關應協調各目的事業主管機關鼓勵老人參與志願服務。」志願服務乃是個人本濟世的胸懷，利他的德操，助人的情懷，服務的熱情，貢獻參與，藉以協助他人，進而改造或促進的一種服務事業；其目的旨在促使群己關係更融洽，社會福祉更增進。高齡參與志願服務的時數有逐年增高的趨勢，無論是從社會資本角度或是長者融合的層面，皆可以體悟到高齡者參與志願服務的意義，鼓勵高齡者從學習中創造服務效能，宜朝向：

表12-1：鼓勵高齡者創造服務效能的作為

特徵	內容
加強宣導	「服務」與「學習」落實全民終身學習與全民志工的觀念，宜加強宣導，方能更深入人心。
做好規劃	「服務工作」是要從服務中發揮學習效果，提供服務工作單位，對服務工作有所規劃，運用專業才能及豐富生命經驗投入志願服務工作。
創造機會	「服務學習」是學習與服務可以相互結合，形塑出「服務學習」的新模式，俾延緩其老化及增加健康年數，使高齡志工成為社會公益重要的人力資源。

（資料來源：作者整理）

志願服務乃是一種高貴的情操表現，利他主義是一種無私的為他人福利著想的行為，在道德判斷上，別人的幸福快樂比自己的來得重要。利他主義在許多思想和文化中是一種美德，利他行為被定義為增加他人的生存，減少自己的生存，是一種人性的昇華體現。推動活躍老化有助於促進高齡人力資源的素質提升，而高齡人力資源發展也有助於實現活躍老化的願景，高齡者如果能多參與活動，不把自己隔離起來，就能打破刻板印象的窠臼，克服老年無用的心理。幫助高齡者在社會上不只是老有所養，更做到老有所用，甚至幫助高齡者完成年輕時未曾完竣的夢想。

高齡志願服務體現「正向老化（positive aging）」，該內涵具有「健康老化」、「強健老化（robust aging）」、「活躍老化」、「成功老化」及「生產力老化」等，作為目標。正如同Thomas Nagel所認為，志願服務是一種利他主義，就是肯為他人利益設想，培養與人為善的情操，行為者不一定需要自我犧牲，各式各樣的助人和慈善行為也素為社會所肯認和推崇。例如：以「日行一善」為美德，「施比受更有福」為實踐。人的本性具利己特質，同時又兼有同情心，與他人成為一體的社會情感，其結果則使個人利益，利益他人和社會福利作為的目標得以實現。

宗教信仰有助於培養人們的「利他」精神，和啟發參與志願服務的意願，而投入志工服務行列，並且有助於培養社區的凝聚力和對社會的責任感。高齡者繼續工作，是反映社會學中「活躍觀點」與「持續觀點」對老年生活的看法。

人口快速老化與平均餘命的延長，使我們愈來愈重視老年生活，加上高齡者健康、經濟資源的提升與家庭支持系統轉弱等現代社會特性，鼓勵高齡者從事社會參與成為老人福利中的重要課題。由於超過八成的高齡人口是屬於健康及亞健康者，因此，鼓勵長者

表12-2：「活躍觀點」與「持續觀點」對老年生活的看法

類別	內容
活躍觀點	1. 高齡者有潛能創新活動或事業，也有填補情感空缺的需要，認為工作對他們而言是有趣且樂在其中的。 2. 工作可作為高齡者負擔家庭責任的策略，不論是照顧或財務方面，甚且可提升高齡者對個人和家庭情況的滿意度。 3. 老年人擁有許多人生經驗和智慧，若可應用於社會，則可造成極大的正面效用。
持續觀點	1. 從事助人的服務是社會參與關鍵性的要素，成功老化的任務是建立或維持關係和從事社會活動。 2. 社會中的成員積極參與社會活動，得以豐富個人的生活，促進自我的實現，更能增進社會的進步和諧。 3. 積極參與服務能提升高齡者對生活的滿意度，也讓中高齡者感到被需要與具備能力的價值感，更間接提升高齡者的自信心。

（資料來源：作者整理）

參與社會，積極營造高齡者友善的志願服務環境。善用高齡志工使高齡者成為充沛的人力資源，除可充實高齡者之生活目標，亦能使長者的人生智慧獲得發揮，當然，也可以達成減少高齡歧視與活躍老化的目標。為因應高齡社會的需求，政府頒布《高齡社會白皮書》，以「健康生活」、「幸福家庭」、「活力社會」、「友善環境」為願景，其中在「活力社會」願景下規劃「銀髮動能貢獻大」行動策略，並以「鼓勵高齡者參與志願服務」為具體方向，以提升高齡者對於自我社會價值及參與社會的動力；並鼓勵投入志願服務，積極培養公民社會參與，建構高齡者友善新願景。

志願服務著重於人力運用，高齡社會工作目標在於扶持老人，讓他們從「社會撤退」轉換成「參與融合」，持續參與社會經濟生活、志願服務或終身學習，讓老化成為一個積極的過程，將志願服務提升為互助文化。當專業服務有特定對象、特定項目、特定時間等規範，但推展如瑞士、日本的志工「時間存摺」，是讓志願服務成為長者日常生活中的一部分，不分時間、時時存著一顆助人的心，落實互助的理念，讓人間處處有溫馨，進而實踐公民社會的理想。

活動理論提出，老人若能保持活躍並與社會環境維持交流，邁向成功老化。針對志願服務的困境，提出兩方面的突破方式：

表12-3：高齡志願服務困境的突破方式

對策	內容
本身的因應	1. 建立正確的服務觀念，積極進修充實專業能力，取得家人的支持，勇於接受任務的挑戰，正向轉念。 2. 開放心胸接納不同意見與領導，與同儕相互支持，尋求家人的支持，向人請益、求助、自我調適、自我成長。
組織的因應	1. 建立良善的管理制度，建立志工與組織間的溝通平臺，強化志工輔導機制，適時給予鼓勵與支持。 2. 營造良好的服務氣氛，建立服務訊息網絡，使訊息迅速而正確地流通，以消除訊息的障礙。

（資料來源：作者整理）

高齡志工是美好與良善社會的創造者，相較於專職人力，高齡志工有更多彈性的時間與服務對象相處、互動，因而能獲得服務對象的信任，建立穩定且深厚的情感基礎。藉由高齡志工從陪伴裡的觀察，適時的回饋予運用單位，讓單位能更了解服務對象的需求，並為其連結更適切的資源，適時的拉近彼此之間的關係。於各項高齡志工表揚活動中，經常看見「一人志工、全家志工」情景，彰顯高齡志工常成為家人的榜樣，吸引更多朋友、家人共同參與、一同成長，進一步促成志願服務代代傳承。積極參與志工，享受「施比受更有福」的成就感，讓社會處處充滿溫暖、熱情與活力。

貳、高齡社會與志願服務

世界衛生組織於二〇〇二年提出「活躍老化」的概念時，強調健康、參與和安全三大基礎原則。在二〇一五年發表《全球老化與健康報告》，重新定義面對人口老化的全新策略，跳脫傳統的疾病觀點，以年齡增長過程中的身心功能為主體，擘畫出嶄新健康促進、醫療照護、長照體系等面向的健康老化新策略。將二〇二〇年訂為《全球健康老化十年行動計畫》的起點，透過研究發現，高齡者最致命的健康風險，是失能與衰弱，而非單一疾病，但疾病常是造成失能的主因，所以，世衛提出以「生命歷程觀點」處理健康議題的準則。當民眾逐漸老化時，應鼓勵個人依照其能力、偏好及其需求，積極的投入經濟發展相關的活動與志願服務等工作。

在老年期，自工作退休後，透過社會參與以維持社會關係，參與社會活動是成功老化的一項關鍵性要素，老人的社會資源是不容忽視的力量，善用他們就成為高齡社會的新力量。從事志願服務以服務、助人為目的，為社會盡力，想從事有意義之工作，對社會、社區責任有認同感，或基於宗教信仰、服務為人的理念，以行動表達對社區、人之同情心。社區發展或社會文化的傳承需要全面且長久的資源投入，而且若能將老人志工資源納入，更容易享有長期的成功，志願服務也是高齡者社會參與的一個選擇，反映的是如同「充權賦能理論」以說明高齡者參與志願服務的意義，以提升老化國家的生活品質。

世界衛生組織於二〇一二年以「高齡化與健康」為主題，認為保持健康才會長壽。志願服務是一種助人的過程，助人的內涵則包含了多項因素：

表12-4：高齡志工參與志願服務的引導因素

因素	內容
個人因素	具有助人的個人哲學觀、價值觀、專業倫理意識、專業 技術與利弊得失的判斷，能信守承諾並值得信賴及忠於專業工作，透過服務的提供，讓社會感覺溫馨、有人情味。
服務機構	服務機構的倫理規範與工作規定，是專業人員的專業人際角色與他人互動行為的規範。能給予志工導向訓練、在職訓練、督導、評估和獎賞志工，走向制度化，專業化和合理化，以提升服務品質和效率。
專業組織	專業學會與公會的專業立場與倫理守則，設計與定義志願工作，以作出合理而公正與道德抉擇的系統性方式，明確具體的規定以利持續參與志願服務工作。
他人因素	助人服務當事人的福祉與權益，志願服務是助人專業與社會大眾互動的行為規範，也是維持專業生存的重要基礎，鼓勵結合區域性及專業性團體的共同參與及投入，強化社區工作品質與永續推動目標。
社會因素	社會的法律規定、輿論與民眾福祉的考慮等，社會大眾信任志願服務，助人服務的自主性得到尊重，整體的專業性得到認可。從認知及生理的改變，去體察個體的優勢，存有許多能量未被發掘，而這些能量都能夠產生改變或是帶來更多希望。

（資料來源：作者整理）

高齡者會隨著年齡的增長而有不同需求的產生，由於老化過程是動態的，且會隨年齡變化在不同階段有不同的樣態，因此瞭解高齡者在老化過程中的需求，並提供適當的服務與支援，是決定高齡者成功老化的關鍵。「老年優勢觀點」相信，老年人具有無限的可能性，每個人都是獨特的。老年人的疾病、行動不便、身體功能退化只是個體的一部分，他們還擁有各種不同的人生經驗、個性，可以繼續成長與自主。

「人生以服務為目的」，高齡者不但不應從社會中退縮，使高齡者將不再是傳統齒搖髮禿需要受人照顧的形象，反而更應該持續與社會保持必要的互動關係，甚至於發揮影響力。

隨著醫療科技的進步及少子化的影響，許多先進國家率先邁入高齡社會之列，相應的政策若是以「老人是社會問題、弱勢族群」的框架進行運作，活躍老化概念往往被忽略，以致老人的各項津貼可能造成國家龐大的負擔，而對於老人的生活品質並不一定能獲得改善。是以，聯合國大會在一九九一年通過的《聯合國老人綱領》就提出了「獨立」、「參與」、「照顧」、「自我實現」與「尊嚴」等五個要點。其中的「參與」包括以下四點：

一、參與倡議、研議及制定老人政策制定與執行。

二、與大眾分享其知識、技能、價值與人生經驗。

三、服務社區與擔任適合自己興趣及能力的志工。

四、長者有權組織志願服務社團並推動高齡服務。

針對上述，世衛組織更提出：專業養成訓練過程中，跨專業團隊專業教育的重要性。意即，專業人才進入現場之前的專業養成訓練亦需有跨專業的學習體驗，方能裝備完成進入實務現場的專業知能。善用志工良善的價值體系和豐富的社會經驗，並不斷提供教育訓練和交流觀摩的機會，將形成高齡社會的新資源，將「利他主義」的社會服務，將「善良循環」的倫理價值傳給新世代，進而締造堅固的社會資本。

Evers & Laville（2004）指出，志願部門是處在政府、市場與非正式部門的社會脈絡之下。正如同「社會支持網絡觀點」認為，個人面對環境要求，適應的好壞端賴其擁有的資源多寡。而網絡則是指「由個人、團體或機構所組成的社會系統，系統內各單位進行交互作用或交換行為以達成目標，或完成一個共同的目的。」（黃源協，2001）因此，當志願部門參與服務的供給，亦同時吸引社區居民對於社區組織的目光焦點，其結果可能擴大了社區的參與，或增加志願性工作的人力，進而影響到既有成員對於組織的認同。志工主要是直接幫助或服務他人，也常常受到直接服務對象的激勵。積極推動志願服務的概念，遵守志工的倫理，在可以接受的範圍內，在別人的需要裡，擔負起自己的責任。選擇理念接近的志願服務運用單位，扮演社會公民的角色，共同為社會的發展而努力。

在人口迅速老化的過程中，社會將採取積極有效的策略與行動，包含促進國人良好的健康行為，預防或延遲慢性病的發展，創造並強化老人健康生活及無障礙的友善環境，鼓勵老人多方參與社會，使人們得以最佳的健康狀況進入老年，延長健康壽命、活躍老化。其中高齡者的社會參與就顯得相當重要，該趨勢的發展為：

表12-5：高齡參與志願服務的趨勢

原因	內容
專業素養服務	專業素養的服務，而不是隨興做善事。逐漸成為社會參與的一種方式；也漸成為一股風氣。
增進公共利益	增進公共利益，由宗教性的慈善、施捨、博愛觀念，轉變為一種學習、參與、服務觀念。

原因	內容
強化社會團結	出於自由意志，非基於個人義務或法律責任，以知識、體能、勞力、經驗、技術、時間等貢獻社會，以強化社會的團結，服務工作範圍與層次，逐漸擴展與提升。
提升服務效能	有系統、有計劃、有組織的運用方式，不以獲取報酬為目的，學習別人的優越性，也珍惜和表現自己的獨特性，以提高公共事務效能，及增進社會公益所為的各項輔助性服務。

（資料來源：作者整理）

高齡者志願服務的目的就是要激發長者的自主性與自發性，建構一個溫馨有情的生命歷程。行動的策略與方式是要透過參與的方式，凝聚利害與共的社群意識，關心生活環境，營造文化特色，進而重新建立人與人、人與環境的親密關係。如同巴特森（C. Daniel Batson）的著作《The Altruism Question：Toward A Social-psychological Answer》，當我們對一個人有同理心時，就會貫注自己的能量及注意力來幫助對方，並不是因為能得到良好的自我感覺，而是因為我們真的關懷對方。志願服務是一項永無止境的團隊工作，高齡志工的開發與運用，它的成功經營，有賴發揮團隊精神，共同努力，才能蓬勃發展、發揚光大，展現實質的效能。

高齡志願服務的理念，是以「人本」為主，行動是以「參與」為要，價值是「共同體意識」為核心；藉著專業的教育、經驗的分享學習、人力的培訓、組織的動員、以及專業的協力等方法，喚醒高齡者服務意識的覺醒，激發關懷公共事務的意願與熱情，主動積極參與，集體合作行動，打造「老有所用，老有所安」的和諧社會願景，讓高齡者可以在活躍的參與社會活動，進而達到成功老化。

參、志願服務與社會參與

志願服務是結合人力，依據助人、利他的信念，用實際行動表現，推展社會服務。在服務過程中，不計較報酬，並可經由專業教育訓練，提高工作能力，使得服務能有效地進展，達成助人的目的，同時也提供了志工自我成長的機會。志願服務宜逐漸邁向專業服務時代，服務過程必須隨時進行檢討與評估，針對問題不斷提出具體改善行動和發展策略，才能有效解決問題，並提出前瞻性的專業服務規劃。

面對高齡化社會，建立一個從健康、亞健康至失能長者皆能有多元且連續性的服務體系是必須且急迫的，並以健康促進、活躍老化概念，減少老人失能臥病在床時間，延緩長者進入機構的時間及增加更多健康老人人口數為目標。OECD各國關注積極性老人福利政策的重要性，老人做為社會的重要資源，不一定要在職場上或家庭內貢獻心力，也可以在社區內從事各種公益活動。於二〇〇九年以「健康老化」為主題，志願服務融入健康老化的作為，包括：

表12-6：志願服務融入健康老化政策的內涵

類別	健康老化政策內涵	志願服務內涵
社會融合	老人是社會重要資產而非社會負擔，個人獨立自主是維持其尊嚴和社會整合的重要基礎。	高齡參與實為公民社會和公共領域的重要支柱，高齡志願服務的發展、茁壯，顯現出高齡者的影響力與作為益趨重要。

類別	健康老化政策內涵	志願服務內涵
多元考量	應關注健康不均等（health inequalities）問題，並將社經因素及老人需求的異質性納入考量。	高齡志工為增加知識、獲得他人肯定、學習技能及成就感、社會經驗、取得資格、獲得物質報酬等多元的實踐。
預防保健	以「預防」為健康促進工作的重點。其所關注的焦點是如何減緩老人生理功能退化，維持個人自主以降低其對醫療照護及福利資源的依賴，達到個人福祉與整體社會福祉提升的雙贏結果。	高齡者是有各自需求和特質的一群人，不管是健康、亞健康、有慢性病、體弱、失能者、失智者。不是用「變老」、「變弱」來涵蓋，而是無論處於什麼狀態，都是專注在活著，並且能好好活著。

（資料來源：作者整理）

臺灣已邁入高齡社會，藉由適當的人力資源策略與運用，能夠讓高齡人力再發揮，老人從事志願服務不僅可增進個人的健康與生活滿意度、提升自尊與心理福祉、以及延長壽命；而且可補充部分社會服務組織人力資源不足的缺口。因此提供高齡人口學習自主權，同時帶來大量產業經濟活絡與勞動市場多元就業機會，達到人盡其才以及適才適所的發揮，讓閒置人力充分運用，創造人力資源最大效益，這是高齡社會創新發展的重要課題。

因應我國人口老化的快速增加，勞動人力與可支配資源減少，以現有醫療照顧模式，醫療與照護費用將大幅增加，非個人、家庭、或政府所能負荷。是以，「活躍老化，健康促進」是面對高齡社會的解決策略，落實健康促進的作為，以提升健康品質，協助維持健康能力，鼓勵高齡志工社會服務，減少照顧人力。志願服務是一種自由意志下的利他行為表現。雖然其具有互惠性在內，而非單向的給予；是以他人的需要為優先考量，而不是以個人的需要為優先考慮。從事志願服務就是參與公共事務的重要方法，而且是創造社區意識不可或缺的。

為擘劃高齡社會新圖像，回應高齡社會的各項挑戰與需求，鼓勵高齡者參與志願服務，以善用其專業與經驗，成為社會公益最重要的人力資源。社會資本的積累能給帶來民眾的積極參與，能使人們因為更多的信任關係而改變漠然心態，使人們因為可預期的互惠關係，而為社會服務提供更多貢獻。高齡者透過擔任志工，做志工作最大的價值，就是讓我們看到這個生命的價值，看到生活的意義，我們有能力付出，有能力關懷、有能力活動，發揮專業才能及生命經驗積極參與並貢獻社會，有效促進高齡者身心健康及生活品質；其不以酬勞為目的，增進公共利益事務，實是國家社會莫大的福祉。

志願服務有助於「社會融合」、「終身學習」、「健康生活（」及「活躍老化」。在參與志願服務，不僅可藉由助人的過程，增加其價值感，更可以對社會服務注入一股自助互助的力量。鼓勵長者投入志工行列，可創造高齡友善社會，志願服務是達成社會參與。參與的方式可以區分為：

表12-7：志願服務參與的方式

類型	內容
正式的志願服務（formal volunteering）	高齡者和中年期一樣，有活動的心理性及社會性需求，可從事社會上的工作，參與社會活動。大部分高齡者均不願喪失社會的角色，所以種種活動和交際，應儘量的給予繼續或延長。亦即透過正式組織，如各種形式的志願性組織、政府機構、或企業提供服務。

類型	內容
非正式的志願服務（informal volunteering）	不經由組織，個人本身無酬為他人服務；當然也可以是人與人之間彼此相互的協助（self-help）。同時，參與的方式可以是參加倡導工作，都是在社會中參與志願服務的工作。經由社會共同體的營造，一個現代、富涵生命的公民社會將獲得實踐。

（資料來源：作者整理）

從世界衛生組織出版的《積極老化：政策架構》，主要立基於尊重老人的人權，建構一個符合老化的正常化和社會整合的目標。「我們不是因為年老而停止參與，我們是因停止參與才會變老，只有一種秘訣能使人青春永駐一積極參與。」高齡者的角色是被社會建構出來的，老人雖是社會關懷的對象，但更進一步，透過老人參與的營造，提供高齡者更豐富展現舞臺，減少高齡歧視與活躍老化的目標。鼓勵高齡者在老化的過程中，依個人的需求、興趣及能力，參與經濟發展活動，參與家庭和社區生活，參與正式和非正式的工作，並從事志願服務，使自助互助的福利模式在社區永續經營，落實福利服務社區化的理想，讓志願服務紮根社區，帶動社區發展的風潮。

肆、高齡志工與公民社會

公民社會（civil society）是指圍繞共同的利益、目的和價值上的非強制性的集體行為，是為了社會特定需要、公眾利益而形成的組織。此一概念經常指涉到以下各種組織類型：慈善機構、非政府組織、社區組織、婦女組織、宗教團體、專業協會、公會、自助組織、社會運動團體、商會、協會等。志願服務的目的是謀求社區整體的進步、成長與和諧，為達此一目的，高齡志工的參與就有貢獻部分時間，主動、積極、選擇性的參與部分 興趣或專長的公共事務之共識、默契分工、協力合作，在彼此信賴、相互信任的社會中增進社群生活。社會因為新觀點的引入，創造組織的新氣象與新認同，進而在互相接納與包容，激發與提升每一位志願者的最好潛力，並為社會帶來朝氣蓬勃的氣象。

公民社會的模式強調在民主社會中，公民應積極參與公共事務，不僅是直接的服務，更應包含參與公共決策。英國學者哈伯瑪斯（J. Habermas）認為，公民社會有兩個層面，一個是狹義的公民社會本身，也就是商品交換和社會勞務的領域；另一個是公共領域，是指讓公民社會得以運作的領域。隨著「公民社會」的概念日趨蓬勃發展，近年來對非營利組織與非政府組織角色的探討，突顯「公民社會」的概念。老人的社會權與一般成人的社會權並無二致，只是當他們年老體衰、行動困難，人際關係日趨疏遠，有的變為孤獨空虛、與世隔絕，被社會強勢的主流族群所排斥，淪落為邊緣角色，喪失了個人的基本權利。

從公民社會出發，強調老年期因角色喪失（role loss）對其自尊和社會認同造成不利的影響，而參與志願服務賦予老人新的社會角色，因而帶來益處，如：提高生活滿意度、增進身心福祉、及帶來成就感和意義感等。辦理老人志工服務，宜朝向生活品質的提升，它含括了生理安適感，功能安適感，經濟安適感，社會安適感，心理安適感，及心靈與哲學安適感等多個層面的安適目標。在一個公民社會中，投入志願服務工作是公民參與的具體表現，這不僅是一種國民參與公共事務的權利，也是一種社會責任。此定義有四個重要特質（Ellis & Noyes，1990）：

表12-8：志願服務展現公民的社會責任

特質	內容
選擇自由	強調志願服務的自由意志，志工是指那些本者志願服務的精神（volunteerism），非強迫性的。
社會責任	志願服務是有利於他人的，志工是因為了解社會的需求，進而實際付出行動以善盡社會責任，奉獻個人的時間與精力於他人。
不計報酬	不計有形的報酬（tangible gain）而實際付出時間、財物、勞力和知能來協助他人者，不是為了經濟上的報酬而從事利他的活動。
積極提升	志願服務不是依法必然要做的事，需要不斷接受在職教育，以提升專業志工的服務效率和效能。

（資料來源：作者整理）

Skelly（2010）指出：公民社會即擁有良好的社會，需存在公平與正義，並且需建立規範以集結公民參與，而且需以國家的責任來承擔與執行，如非政府組織的合作等。公民社會包括下列價值：「政治民主化、經濟自由化、社會多元化、文化本土化、以及意識主體化」等五大價值取向的認知與涵養，先進國家因應「公民社會」，對於不同文化、族群、國籍、年齡、性別、性傾向、身心障礙等群體，以「多元化管理」方式，朝著「平等就業（Fair Employment）」，對待與尊重差異的價值發展趨勢。

志願服務和社會參與是「公民權利」概念的核心，也是公民社會不可或缺的，正如同建構英國福利國家的貝佛里奇（W. Beveridge）非常強調志願性行動（voluntary action）的重要性。Cooper（1983）對於公民社會的參與提出四種目的說。

第一，公民參與的目的是為了實踐身為公民社會成員的權利。

第二，著重對整體環境的回應與適應，以維護社會安定發展。

第三，彰顯集體智慧，運用集思廣益提出更佳的政策與措施。

第四，拓展個人的公民責任並深化社會認同，整合社會力量。

公民社會是建立在共享的利益、目的與價值的基礎上，非強制的集體行動的領域。社會參與理論則強調：高齡者積極參與社會活動將取得較佳的生活適應，而志願服務正是提供退休高齡者持續參與社會活動的好機會。面對資訊、科技日新月異的社會趨勢，深化高齡者參與志工服務的目標：

表12-9：深化高齡者參與志工服務的目標

目標	內容
活化高齡志工，創造高齡友善社會	完備志願服務制度，建構公民社會，倡導志願服務理念，形塑正向善的循環，政府角色由規劃管制轉為使能者，擴大參與，以落實公民社會精神。
完備志願服務制度，建構公民社會	鼓勵志工投入包括消滅極端貧窮、終結饑餓等目標，善盡全球公民責任，並透過社會投資、社會企業理念，培力社區自立、永續志工行動，提升志工量能，開展志願服務新境界。
整合志願服務資源，加強宣導管理	透過盤點志工人力供需、培力運用單位之量能、強化參與志願服務激勵措施、並廣為宣導志工服務所帶來社會價值。強化志工人力資源培育，便捷志工媒合與管理，提供志願服務資訊系統友善管理與使用，發揮人力運用效益。
強化志願服務發展，推動合作交流	配合聯合國永續發展目標（SDGs），活化高齡志工，發展服務、健康、休閒、樂活、心靈五合一之服務模式，打造有利長者志願服務的友善環境；持續合作交流，以服務榮耀。

（資料來源：作者整理）

過去社會上普遍認為老人是「受助者」而非「幫助者」，是「消費者」而非「生產者」，因此對老人普遍存有相對負面的觀念，然而卻忽略了老人在經驗、才智、學識上的豐富性，及時間上的彈性。高齡社會的一個主要趨勢，就是銀髮族需求主導社會發展，是以，未來社會的經濟、環境、科技、政策，都將因應銀髮族的需求而調整。社會資本不存在於個體中，而是存在於社會關係網絡中，為影響社會、經濟制度的資本，且為促進公共利益的資本。「公民社會」觀念的推展，是要落實「社會參與」，透過高齡者志願服務的推動，以建立一個現代的社會。

葛蘭西（Antonio Gramsci）認為「公民社會」是各種民間組織的集合體，如政黨、工會、教會和學校等。因為工作的關係與年齡的限制，多數高齡者均已退休，賦閒在家並未就職，擁有豐沛的時間，尤其是未達六十五歲者所在多有，身心健康且具有能力為他人服務。高齡者要滿足社會、人際關係以及與他人、團體互動的需要，否則會造成高齡者無形的心理壓力。為保障社區居民對於社區發展及社區營造等公共事物之參與，落實社區民主自治精神，建立公民社會價值觀，這樣的高齡者，絕大多數投入志工的行列，在社會的各個角落默默付出、奉獻，為社會締造良善溫馨的面貌。對高齡者而言，參與志願服務可以滿足高齡者社會互動的需求，進而滿足高齡者愛與自尊、參與感與自我實現等高層次的需求。

結語

志願服務是公民社會中，公民參與社會的最佳途徑。英國社會學家紀登斯（Anthony Giddens）認為現代社會一種特徵是，社會中的人自覺越來越高，越來越清楚社會的發展脈絡。志工就是一群積極參與的人，面臨高齡化最好的方法就是保持積極的生活方式；透過不間斷的社會參與能使一個人獲得許多不同的社會地位以及社會角色，並且能使人實際參與各式各樣的社會活動，是高齡社會達成「健康老化」與「活躍老化」的重要目標。

高齡者服務是創造新社會的動力，有計畫的社會發展，也就是為穩定新社會的結構作支柱。社會資本的形成則主要立基於共同的信念、價值、問題、利益、興趣和嗜好等，社會資本的穩定發展，正是公民社會良性循環的關鍵基礎，也是有利於促進經濟發展與公民治理的行動能力。高齡志工是以他們的時間、精力和技術，在協助事務和服務，具有經濟上的利益和增加服務範圍的功能，因為發揮其參與服務的能量，若能給予足夠的工作成就感，能協助高齡者志工尋找到新的生活能量，調節服務節奏，扮演適當的社會責任，發揮他們豐富的專業經驗及人生體驗。

參考文獻

一、中文部分

1. 王順民（2005）。志願服務理念實現——志願工作與宗教關懷。中華救助總會社會福利論壇／激發參與意願推展全民志工。2020年1月10日，取自http://www.cares.org.tw/
2. 朱芬郁（2004）。社區高齡智者人力資源發展及其實施策略。2020年12月10日，取自http://sowf.moi.gov.tw/19/quarterly/data/107/29.htm
3. 何俊賢（2005）。臺北縣國民小學女性志工參與志願服務動機與滿意度之研究。國立臺灣師範大學社會教育學系碩士論文，未出版，臺北市。
4. 吳芝儀、陳全盈、許琳琳（2004）。服務學習融入中小學課程之研究期末報告。行政院青年輔導委員會委託研究。嘉義市：國立嘉義大學輔導系。
5. 呂朝賢、鄭清霞（2005）。中老年人參與志願服務的影響因素分析。臺大社工學刊，12，1-50。2020年10月10日，取自http://www.press.ntu.edu.tw/ejournal/Files/
6. 李宗派（2005）。各國志願服務推展現況與趨勢。2020年8月28日，取自http://www.cares.org.tw/Workshop/Voluntary
7. 李淑珺（譯）（2000）。S. McCurley & R. Lynch原著。志工實務手冊（Volunteer management）。臺北，張老師文化。
8. 李淑珺（譯）（2007）。G. D. Cohen原著。熟年大腦的無限潛能（The mature mind : the positive power of the aging brain）。臺北，張老師文化。

9. 汪芸（譯）（2006）。D. Bornstein著。志工企業家（How to Chenge the Word）。臺北市，天下文化。
10. 吳淑芳（2008）。臺北縣松年大學學員參與動機及學習困難之研究（未出版之碩士論文）。國立臺灣師範大學，臺北市。
11. 林妙香（2000）。社區義工參與社區問題解決的學習及其影響之探討——以嘉義市王田里社區義工為例。全國博碩士論文資訊網，088CCU00142008。
12. 林宜穎（2006）。美國代間學習的實施及其對我國推展代間學習的啟示。成人及終身教育，（16），33-40。
13. 林美和（2006）。成人發展、性別與學習。臺北市：五南。
14. 林美雲（2005）。民間信仰者自我導向學習傾向及觀點轉化歷程之研究：以一貫道信徒為例。國立中正大學成人教育研究所碩士論文。全國博碩士論文資訊網，094CCU05142008。
15. 林振春（2006）。社區文教與志願服務。內政部志願服務網。取自http://vol.moi.gov.tw/ScholarArticle_1.asp
16. 林勝義（2006）。志願服務與志工管理：做快樂的志工及管理者。臺北市：五南。
17. 林麗惠（2004）。高齡學習活動參與。載於黃富順（主編），高齡學習，頁197-216。臺北：五南。
18. 林麗惠（2006）。高齡者參與志願服務與成功老化之研究。生死學研究，4，1-36。2021年1月10日，取自http://libdata.nhu.edu.tw:8080/EJournal/4032000401.pdf
19. 徐淑靜（2006）。慈濟基金會社區志工管理之研究——以桃園地區為例。元智大學資訊社會學研究所碩士論文。全國博碩士論文資訊網，094YZU00586006。
20. 陳武雄（2004）。志願服務理念與實務。臺北市，揚智文化。
21. 陳泰元（2003）。國人參與志願服務之決定性因素。南華大學非營利事業管理研究所碩士論文。全國博碩士論文資訊網，091NHU05698030。
22. 彭敏松（2005）。成人參與學校志願服務學習歷程之研究。國立臺灣師範大學社會教育研究所博士論文。全國博碩士論文資訊網，094NTNU5205061。

23. 曾華源（1999）。論我國志願部門健全發展之可行方向，東海社會科學學報，18，179-198頁。
24. 黃富順（2004b）。高齡學習活動的發展。載於黃富順（主編），高齡學習（頁19-55）。臺北：五南。
25. 楊國德（2006）。志願服務社團提供非正規學習的角色與功能。成人及終身教育，11，28-37。
26. 葉鄉誼（2007）。銀髮中的華冠——參與安養機構服務的高齡志工之生命故事。國立屏東教育大學教育心理與輔導學系碩士論文。全國碩博士論文資訊網，095NPTTC328005。
27. 廖素嫺（2003）。社區老人參與志願服務之研究——以臺中縣社區長壽俱樂部為對象。東海大學社會工作學系研究所碩士論文。全國博碩士論文資訊網，091THU00201016。
28. 蔡佩姍（2006）。參與志願服務老人之生命意義探究。國立彰化師範大學輔導與諮商系所碩士論文，未出版，彰化。

二、英文部分

1. Baines, E. M.(1986). Volunteerism and the older adult as benefactor and beneficiary: a selective review of the literature. Working Paper Series.(ERIC Document Reproduction Service No. ED313541)
2. Brookfield, S.(1983). Adult Learner, Adult Education and the Community. Milton Keynes : Open University Press.
3. Harman, J. M.(1993). The use of peer counselors in the treatment and support of the elderly.(ERIC Document Reproduction Service No. ED 362797)
4. Ilsley, P. J.(1990). Enhancing the volunteer experience: new insights on strengthening volunteer participation, learning, and commitment. San Francisco: Jossey-Bass.

5. Prager,E.(1995).The older volunteer as research colleague:Toward "Generative participation" for older adults.(ERIC Document Reproduction Service No. EJ 506060)

6. Scharlach, A. E.(1984). Social support among nursing home residents: Evaluation of a peer counselor training program.(ERIC Document Reproduction Service No. ED 284106)

7. Viens, Julie; Kallenbach, Silja(2004).Multiple Intelligences and Adult Literacy: a Sourcebook for Practitioners.New York: Teachers College Press.

8. WHO(2002)Active Ageing :A policy famework. Retrieved from http://whqlibdoc.who.int/hq/2002/WHO NMH NPH 02.8.pdf

社會工作類　PF0302　長照關懷系列5

樂齡志工．創造耆蹟：
高齡者志願服務的推展

作　　者／葉至誠
責任編輯／姚芳慈
圖文排版／楊家齊
封面設計／劉肇昇

發 行 人／宋政坤
法律顧問／毛國樑　律師
出版發行／秀威資訊科技股份有限公司
114台北市內湖區瑞光路76巷65號1樓
電話：+886-2-2796-3638　傳真：+886-2-2796-1377
http://www.showwe.com.tw
劃撥帳號／19563868　戶名：秀威資訊科技股份有限公司
讀者服務信箱：service@showwe.com.tw
展售門市／國家書店（松江門市）
104台北市中山區松江路209號1樓
電話：+886-2-2518-0207　傳真：+886-2-2518-0778
網路訂購／秀威網路書店：https://store.showwe.tw
國家網路書店：https://www.govbooks.com.tw

2021年7月　BOD一版
定價：350元

讀者回函卡

國家圖書館出版品預行編目

樂齡志工. 創造耆蹟 : 高齡者志願服務的推展 / 葉至誠著. -- 一版. -- 臺北市 : 秀威資訊科技股份有限公司, 2021.07
面； 公分. -- (社會科學類 ; PF0302)(長照關懷系列 ; 5)
BOD版
ISBN 978-986-326-916-8(平裝)

1. 老人 2. 志工 3. 社會服務

547.16 110009131